대법원의 국민약탈행위

김제방 역사서사시집

문학공원 시선 259

대법원의
국민약탈행위

김제방 역사서사시집

대한민국 역사를 보여주는 詩

석유가 나왔다!
지금(2024년)으로부터 165년 전
이 한마디가 우리의 삶을 확 바꾸어 놓았다
석유에서 안 나오는 게 없다

문학공원

〈서언〉
석유가 나왔다

석유가 나왔다!
지금(2024년)으로부터 165년 전
이 한마디가 우리의 삶을 확 바꾸어 놓았다
석유에서 안 나오는 게 없다
1859년 미국 펜실베이니아에서
풍부한 유전이 발견되었다
오일크리크 주변의 토지를 소유한 지주는
석유의 원천이 지하에 있을 것이라 판단하고
우물을 파기 시작했다
8월 어느 무더운 여름날
오후 마침내 검은 아교 같은 물질이
홍수처럼 분출하였다
대장장이는 노새를 타고 타이터스빌에 가서 소리쳤다
"석유가 나왔다! 석유가 나왔어!"
그는 최초의 유정(油井)을 찾은 것이다

유정이 발견되기 이전에 펜실베이니아의 한 농민은
시내가 검은 아교 같은 것으로 탁해지는 것을 보고
예로부터 인디안의 비약(秘藥)을 알고 있는 그는
이것을 병에 담아 약으로 팔았다

1849년 어느 소금우물의 소유자가 이것을
'검은 아교'라 이름 짓고 용기에 담아
'순수 석유'라고 팔기 시작했다
천식 · 류마치스 · 통풍 · 결핵 · 암의 특효약이라 선전했다
이렇게 시작한 석유사업은 미국이 거대국가가 되는
위대한 발견이었고
그 후 세계 도처에서 유전이 발견되었다

유전 발견 당시 연간생산량은 3천1백만 배럴로
이 물질은 조명용으로 사용되는 기름에 지나지 않았으나
록펠러(1839-1937)는 이것이
난방용 · 증기 선박용 · 윤활용 · 동력용의
기름으로 유용할 것이라 생각하고
1862년 석유사업 정유부문에 뛰어들었다
그리고 경험 많은 기업가들을 자기 모험에 끌어들여
1867년에 이루어진 이들의 동업은
1870년 마침내 오하이오 스텐더드 석유회사를 설립하고
25개 정제소를 사들여 독점기업을 건설하였다
록펠러는 이 분야의 왕자 자리를 차지하기 위한
계획을 추진하여 1879년에는
전국 정유업의 90%를 지배하게 되었다
록펠러는 이런 과정을 통해 말년에
10억 달러에 가까운 재산을 모아
미국 역사상 처음으로 억만장자가 되었다

석유황제 록펠러가 탄생한 것이다

사업에 냉혹했던 그는 60세가 되어 참회를 시작
재산 일부분을 시카고대학·록펠러의학 연구소와
일반교육 이사회·록펠러재단 등에 자선사업
기금으로 내놓았다
이런 록펠러에 대해 지지자들은
"록펠러는 미국기업의 형태를 개선하는데 이바지했으며
19세기 당시 혼란상태에 있던
미국 석유산업에 안정과 능률을 가져다 준 사업가"라고
평가한 반면 비판자들은
"시장을 지배하기 위해서는 수단과 방법을 가리지 않는
무자비한 사업가"라고 비판하였다
록펠러는 90세에 접어들자
죽과 크래커로 식사를 조절하며
1937년 98세로 세상을 뜰 때
그의 장례식은 황제 장례식에 못지 않았다

당시 우리나라 사정은 매우 어려운 때였다
강화도에서 납치하듯 붙들려와 용상에 앉은
철종(哲宗·1849-1863)의 마음은 편치가 않았다
끼니 걱정을 하지 않아도 되었지만 모든 것이
부자유스럽기만 했다
"이제는 양반집 딸에게 장가가게 되었다"

강화도 사람들이 한 말을 떠올리는 철종은
답답하기만 하였다
헌종의 상중이라 섭정대비 순원왕후(純元王后:
1789-1857)는 그런 낌새도 비치지 아니했다
1857년 3월 조선 당대를 주름잡던 안동김씨의 보로
왕대비 순원왕후가 69세로 세상을 떴다
1789년 아메리카합중국이 탄생하고
프랑스혁명이 일어나던 해에 김조순의 딸로 태어나
1802년 순조(純祖 : 재위 1800-1834)의 비가 되었으니
14세 때였다
그로부터 56년간 안동김씨 세도정치 구심점으로
이 나라 권력을 휘두른 여장부로
아들 효명세자(1806-1830)를 앞세우고
남편 순조를 잃었으며
손자 헌종(재위 1834-1849)마저 앞세운 비운의 여인으로
강화도령(철종)을 납치하듯 데려다가
왕위에 올려놓고 안동김씨의 세도를 연명한 여인이다
1857년 순원왕후가 사망하고 2년 후인
1859년에 미국 펜실베니아에서 큰 유전이 발견되었다
1863년에 철종이 승하하고 홍선대원군의 아들
고종(高宗 : 1863-1907)이 등극하였다
1863년 미국에서는 남북전쟁이 시작되었다

차 례

서언 - 석유가 나왔다　　　　　　　　4

제1장
산유국의 꿈

영일만의 석유·가스	16
9·19전면 효력정지	18
한·아프리카 48개국 동맹	19
4차 산업혁명 핵심광물	20
새마을운동으로 통했다	21
22대 국회 반쪽 출발	22
신설 저출생부	24
정주영 정신	25
윤 대통령 현충일 추념사	27
한국 높게 평가한 푸틴	28
서울대 교수 휴진 선언	29
이화영 징역 9년 6개월	30
동해 석유·가스 유망성	31
TSMC 회장 만난 최태원	33
대북 확성기 재개	34
이재명 사법리스크	35
윤 대통령 중앙아 3국 방문	37
거야 상임위 독식	38
김건희 여사 명품백 종결	39
동해 유전·가스전 시추	40
두 동강 난 국회	41

제2장
인구 국가비상사태

전국이 흔들렸다	44
이재명 5번째 기소	45
한·카자흐 정상회담	46
고립되는 의사들	47
이재명 방탄에 사활	48
KTX 우즈베크 달린다	49
이재명 애완견 후폭풍	51
언론인 폄훼 조롱	53
최태원 1.3조 분할 오류	54
의사 최고연봉은 6억	55
다올백 의혹 수사	56
타지마할 관광 의혹 수사	57
김정은·푸틴 정상회담	58
한공회 회장 최윤열	59
지지율 위기 윤 대통령	60
서울대병원 휴진 중단	61
푸틴의 위협	62
인구 국가비상사태 선언	63
우울에 빠진 대한민국	64
대왕고래 성공률 20%	65
전국 폐교 3,955곳	66
러시아 하기 나름	67

차례

제3장
6·25전쟁 74주년

여당 당대표 출마선언	70
원구성 협상 결렬	71
차이나 대탈출	72
리튬전지 화재 23명 사망	73
여당 7개 상임위장 수용	74
사우디 폭염 순례 사망	75
이재명 당대표 사퇴	76
6·25전쟁 74주년	77
신생아 19개월 만에 증가	78
국회 원 구성	79
TK에서 왕따당한 한동훈	80
트럼프에 밀린 바이든	81
국민의힘 당대표 지지도	83
바이든 사퇴론 대혼란	84
공한증	85
친명 전당대회	86
대통령 탄핵 청원 80만 명	87
위기에 빠진 G7 정상	88
시청 앞 교통사고	90
이재명 수사 검사 탄핵 추진	91
방통위원장 사퇴	92
트럼프의 면책특권	93

제4장
인간만사 새옹지마

도둑이 경찰 잡겠다는 격	96
바이든 사퇴 압박	97
채상병 특검법 통과	98
검사탄핵 민주당 비판	99
영국 노동당 정권교체	100
윤 대통령 나토회의 참석	101
삼성 영업이익 10조 원	102
김건희 여사 문자메시지	103
이란 개혁파 대통령 당선	104
진흙탕에 빠진 여당	105
이재명 부부 소환 통보	106
새옹지마(塞翁之馬)	107
내방역 천지개벽	108
예상 깬 프랑스 총선	109
중국의 북한 노동자	110
채상병특검법 거부권	111
탄핵 청원 청문회 의결	112
이재명의 먹사니즘	113
김두관 후보의 견제	114
200년 만의 폭우	116
K-9 자주포 1.4조 계약	117
윤 대통령 인태사 방문	118

차례 11

차 례

제5장
전관예우의 악습

민주당의 검수완박	120
한국 저출생 월드챔피언	122
전관예우의 악습	123
자유 · 평등 · 정의	125
변호사 수임료 문제	127
한반도 미핵자산 상시배치	128
김성태 징역 2년 6개월	129
바이든 또 말실수	130
대통령 탄핵청원 공방	131
거산(擧散)하는 법조계	132
트럼프 총격 테러	133
대세론 탄 트럼프	135
사람 · 돈 다 떠나는 한국	136
108석 여당 분열	137
트럼프 미공화 대선후보	138
봉선화 연정 현철 별세	140
24조 원 체코 원전사업	142
코너에 몰린 바이든	143
대법원 동성부부 첫 인정	144
트럼프 대선 수락 연설	146
대통령 탄핵 청문회	148
김건희 여사 검찰조사	149

제6장
허가받은 도둑 집단

심리불속행기각	152
불공정한 재판	154
땅에 떨어진 법원의 권위	155
바이든 대선후보 사퇴	156
해리스에 돈 몰린다	157
아침이슬 김민기	159
한동훈 여당대표 당선	161
카카오 창업자 김범수 구속	163
김명수 전 대법원장 소환	165
여당 삼겹살 만찬	166
반려견 유치원비	167
파리올림픽 테러 공포	168
찜통더위 민주당 전대	169
민주당과 김정은	171
양승태 전 대법원장	173
양궁 여자단체 10연패	175
기후 대응댐 14개	177
5박 6일 필리버스터	178
하마스 1인자 피살	179
권순일 전 대법관 조사	180
허가받은 도둑들	181
야당의 묻지마 탄핵	183

차례

제7장
좀생이들의 역할

덩치만 큰 못된 아이	186
좌우로 갈라진 법조계	188
한동훈 친정체제 완성	189
방글라데시 국부의 딸	191
무능 국회 피로감	193
대법원 터에 배추밭을	194
파리올림픽 금메달 13개	196
광복절 유감	197
갈라진 광복절	199
육영수 여사 50주기	200
21번째 거부권 행사	201
이재명의 민주당	202
우크라에 허 찔린 푸틴	203
해리스가 트럼프 앞서	204
세기의 미남 알랭 들롱 별세	205
미국 민주당 전당대회	206
후퇴하는 법조 일원화	208
무제(無題)	210

부록	212
김제방 역사학자의 도서출판 연보	

제1장

산유국의 꿈

영일만의 석유·가스

윤석열 대통령은 2024년 6월 2일
"경북 포항 영일만 앞바다에서 막대한
양의 석유와 가스가 매장돼 있을 가능성이
높다는 물리탐사 결과가 나왔다"며
산업통상부의 탐사시추 계획을 승인했다
올해 말 첫 번째 시추공 작업에 들어가면
내년 상반기까지는
어느 정도 결과가 나올 것"이라고 밝혔다
윤 대통령이 특정 현안을 주제로
직접 국정 브리핑에 나선 것은 처음이다
윤 대통령은 용산 대통령실에서
안덕근 산업부장관이 배석한 가운데 브리핑을 열어
"지난해 2월 동해 가스전 주변에
더 많은 석유 가스전이 존재할 가능성이 높다는 판단하에
세계 최고 수준의 심해 기술 평가 전문 기업에
물리 탐사 심층 분석을 맡겼다"며
"최근 140억 배럴에 달하는 석유와 가스가 매장돼 있을
가능성이 매우 높다는 결과가 나왔고
유수 연구기관과 전문가들의 검증도 거쳤다"고 밝혔다
이어 "이는 1990년대 후반에 발견된 동해
가스전의 300배가 넘는 규모이고

우리나라 전체가 천연가스는 최대 29년
석유는 최대 4년을 넘게 쓸 수 있는 양"이라며
"심해 광구로는 금세기 최대 석유개발 사업으로 평가받는
남미 가이아나 광구의 110억 배럴보다도
더 많은 탐사 자원량"이라고 강조했다
대통령과 정부는 "석유와 가스를 전량 수입에 의존하는
한국이 이번 유전 개발이 성공할 경우
실질적인 산유국 반열에 오르고 에너지 수급도
크게 안정화될 것"으로 기대하고 있다
포항 영일만 지역은 1976년 박정희 대통령이 기자회견에서
"포항에서 석유가 발견됐다"고 발표한 곳이지만
실제 원유가 발견되지 않은 곳이다

9·19전면 효력정지

정부가 북한의 대남 '오물 풍선' 살포와
위성확인시스템(GPS) 전파 교란에 맞서
9·19남북군사합의 전체의 효력을 정지시켰다
정부는 6월 4일 국무회의를 열어
남북한 상호 신뢰가 정착될 때까지
9·19효력의 전면 중단을 의결하고
윤석열 대통령의 재가까지 마쳤다
이번 조치로 군사분계선(MDL) 일대와 서북도서에서
포 사격과 군사 훈련이 가능해지고
대북확성기방송 역시 가능하게 됐다고 정부와 군은 밝혔다
정부의 9·19효력 전면 중단은
이미 북한의 일방적 전면 파기선언에 따라
유명무실화된 합의에
사실상 마침표를 찍는 것이나 다름없다
다만 정부는 이번에 9·19합의의 완전 폐기가 아닌
전체효력 중단을 선택했다

한·아프리카 48개국 동맹

윤석열 대통령은 2024년 6월 4일
경기 고양시 킨텍스에서
아프리카 48개국 정상 및 대표 등과 가진
'한·아프리카 정상회의' 친교 오찬에서 "아프리카와의
협력 방안을 여러 측면에서 모색해 왔다"며
"케냐 마사이 사람들 속담에
'지혜는 불씨처럼 이웃에서 얻는 것이다'라는 말이 있다
오늘 여러분께서 주신 '지혜' 덕분에 많은
해답을 얻었다"고 말했다
이날 한·아프리카 정상회의는
한국이 아프리카 국가 정상을 대상으로
처음 개최한 다자 회의 임에도
최종 33명의 정상급(정상 25명) 인사가 참석해 주요
서방 국가가 주최한 행사에 버금간다는 평가를 받았다
윤 대통령은 회의에서
"아프리카는 젊고 역동적이며 자원이 풍부하다
한국은 첨단 기술과 다양한 경험을 보유하고 있다"며
"서로의 장점을 잘 결합해 지속 가능한 해법을 찾으면
글로벌 도전과 위기를
함께 헤쳐 나갈 수 있을 것"이라고 밝혔다

4차 산업혁명 핵심광물

한·아프리카 회의를 계기로
한국이 아프리카 대륙으로부터 핵심 광물을
안정적으로 공급받기 위한 상설 협의체가 구성됐다
윤 대통령은 아프리카연합(AU) 의장인
무함마드 울드 가주아니 모리타니 대통령과의
공동 언론 발표를 통해
"'핵심 광물 대화'는 호혜적 협력을 통해
공급망의 안정을 꾀하면서
전 세계 광물 자원의 지속 가능한 개발에도 기여하는
모범 사례가 될 것"이라고 강조했다
가주아니 대통령은
"한·아프리카 정상회의가 '윈윈'이라 하는
전략적·지속적인 경제협력도
우리 양측의 믿음을 기반으로 한
훌륭한 경제발전 계획이 될 것이라는 점을
믿어 의심치 않는다"고 말했다
한국은 아프리카로부터 중위 연령이 18.8세인
인구 14억 명의 '젊은 대륙'의 대규모 소비시장과
노동력은 물론이고 코발트·니켈·리듐 등
전기차 배터리 핵심 원료인 광물을 공급받고
한국은 성공 경험과 첨단 기술을
아프리카에 전하는 '동반성장'을 강조한 것이다

새마을운동으로 통했다

아프리카 정상들 '발전모델'에 관심
"전쟁 폐허에서 번영을 이룬 성공 사례
발전계획 수립하는 데 많은 영감"을 얻어
"'잘살아 보자'는 희망으로 밤낮없이 뛰었던
국민들의 노력이 삼위일체가 돼 도약을 이뤄낼 수 있었다"
윤석열 대통령이 6월 3일
한·아프리카 정상회의 환영 만찬에서 거론한 이 대목은
한국의 새마을운동을 언급한 것이라고
대통령실 관계자가 전했다
AFP통신은 한국의 새마을운동이 아프리카 국가들의
경제 개발의 모범 사례로 인식된다고도 평가했다
방한한 아프리카 정상들은 국가 주도 농촌개발과
초기 경제발전 모델로 불리는
새마을운동에 관심을 두고 있는 것으로 전해졌다
아프리카 정상들은 "전쟁의 폐허를 딛고 일어나
경제적 번영을 이룩한 한국의 성공사례가
아프리카의 발전계획을 수립하는 데
영감을 준다"고 밝혔다고 대통령실이 전했다

22대 국회 반쪽 출발

22대 국회 첫 본회의가 국민의힘 불참으로 파행하며
'반쪽 출발'을 했다
제헌국회 이후 여당이 불참한 가운데
야당 단독으로 국회가 개원한 건 처음이다
더불어민주당 등 야당은
2024년 6월 5일 오후 단독 소집해
민주당 출신 우원식 의원(67·5선 서울 노원갑)을
전반기 국회의장으로 선출했다
제1야당 몫 국회부의장은
이학영 의원(4선 경기 군포)을 선출했다
국민의힘은 본회의가 사전에 합의되지 않은
일정이라고 반발하며 표결에 불참했다
여야 간 원구성 협상이 난항을 겪는 가운데
우원식 신임 국회의장은 '7일 자정'을
원구성 명단 제출 데드라인으로 제시했다

이날 본회의에는 민주당·조국신혁당·개혁신당 등
야당 의원 192명이 전원 참석했다
여당에서는 유일하게 참석한
추경호 원내대표는 의사진행발언을 통해
"여야 간 의사일정 합의가 없었기 때문에

본회의는 성립할 수도 없고 적법하지도 않다"며
"거대 야당의 힘자랑으로 막무가내로 국회를 끌고 간다"고
성토한 뒤 참여하지 않고 퇴장했다
국민의힘 의원들은 본회의가 열리는 동안
국회 본청 로텐더홀에서 규탄대회를 벌였다
7대 국회(1967년)와 21대 국회(2020년)에서
여당 단독으로 국회가 개원한 적은 있지만
야당 단독은 이번이 처음이다

신설 저출생부

윤석열 대통령이 최근 신설 계획을 밝힌
저출생대응기획부(저출생부)에 전부처의
저출생 예산 심의 및 집행 관리 권한을 부여하는
방안이 검토되고 있다
이 같은 저출생부 모델은 박정희 정부 당시
주요 산업정책의 예산심의와 집행권한을 함께 갖고 있던
경제기획원에 바탕을 둔 것이라고 한다
윤 대통령은 취임 2주년 기자회견에서
"박정희 대통령이 설치했던 경제기획원이 관련 부처와
컨트롤타워로 고성장을 이끌어 왔다"며
"(저출생부에) 아주 성공적이고
강력한 컨트롤타워 역할을 맡기겠다"고 했다

정주영 정신

"길을 모르면 찾고 없으면 닦아서 만들어라"
한국아프리카의 경제협력을 논의하는 자리에서
한국경제 발전의 상징적 존재인
고 정주영 현대그룹 창업주의 이른바
'정주영 정신'이 소환됐다
경제성장이 핵심 국정과제인 아프리카 정부 관계자들에게
압축성장의 기적을 일군 현대의 신화를 전파한 것이다
특히 정주영 창업주의 손자인 정의선 현대차 그룹 회장이
4대그룹 총수 가운데 유일하게 경협 자리에 참석해
자동차 시장 등 아프리카 사업확대 기대감을 높였다

2024년 6월 5일 롯데호텔에서 열린 정상회의 일환으로
'한-아프리카' 비즈니스 서밋은
① 산업화 및 투자 활성화 교역 증대
② 일자리 창출
③ 식량 및 핵심광물 안보 강화 탈탄소
④ 기후변화 대응 등 4개의 세션으로 진행됐다
특히 1세션에서는
정주영 도전정신을 소개해 눈길을 끌었다
김홍수 현대그룹 부사장은 정주영 회장의
"길을 모르면 찾고 없으면 닦아 만들어라"는 어록과

현대건설의 1957년 한강인도교 복구공사 등 업적을 소개했다
한국은 정상회의와 주요 23개국 대상 47건의 계약 및 MOU를 맺었다

윤 대통령 현충일 추념사

윤석열 대통령은
2024년 6월 6일 국립서울현충원에서 열린
제69회 현충일 추념사를 통해
'힘을 통한 평화 구축'을 재확인하면서
북한의 오물풍선 살포를 "비열한 도발"로 규정하고
"압도적으로 대응해 나아갈 것"이라고 말했다
윤 대통령은 "지금 대한민국은
세계에서 가장 밝은 나라가 됐지만
휴전선 이북은 세계에서 가장 어두운 암흑의 땅이 됐다"며
"바로 이곳에서 불과 50km 남짓 떨어진 곳에서
자유와 인권이 무참하게 박탈당하고
굶주림 속에서 살아가는 동포들이 있다"고 언급했다

한국 높게 평가한 푸틴

블라디미르 푸틴 러시아 대통령이
6월 상트페테르부르크 국제경제포럼을 계기로
세계 주요 뉴스통신사 대표들과 만난 자리에서
"한국이 우크라이나에 무기를 직접 공급하지 않는 걸
높이 평가한다"고 말했다
푸틴은 또 "러시아와 한국 관계가
퇴보하지 않기를 기대한다"며
"한반도 전체와 관련한 양국 관계 발전에 대한
우리의 관심을 의미한다"고 했다
이어 "한국 측 협력의 많은 영역에서 알려진
문제가 있어 매우 안타깝다"며
"이건 우리의 선택이 아닌 한국 지도부의 선택이다
우리는 채널이 열려 있고 준비가 돼 있다"고도 했다

서울대 교수 휴진 선언

서울대 의대·병원 교수들이
전공의 사태가 해결되지 않으면
6월 17일부터 전체 휴진에 돌입하겠다고 밝혔다
서울대의대비대위는 6월 6일
"전체 교수총회와 설문 결과를 종합해
응급실·중환자실 등 필수 부서를 제외한
전체 휴진을 결의했다"고 밝혔다
이어 "휴진 시작일은 6월 17일이며
전공의를 향한 행정처분이 완전히 취소되고
의료사태의 정상화를 위한
합리적 조치가 시행되지 않는다면
해당일부터 진료를 중단할 것"이라고 했다
전공의들 "진짜 휴진하나 지켜봐야…"
일각에선 "제자들 말려야 할 교수들이…"란
반응들이 나왔다

이화영 징역 9년 6개월

쌍방울그룹의 불법 대북송금에 관여한 혐의로
재판에 넘겨진 이화영 전 경기도 평화부지사가
1심에서 징역 9년 6개월을 선고받았다
법원은 당시 경기도지사였던 더불어민주당 이재명 대표의
방북 비용을 쌍방울이
북한에 대납한 게 사실이라고 판단했다
이에 따라 검찰은 이르면 다음 주 이재명 대표를
제3자 뇌물 혐의로 기소할 방침인 것으로 알려졌다
수원지법 형사11부(부장판사 신진우)는
6월 7일 특정범죄가중법상 뇌물·정치자금법·
외국환거래법 위반 혐의로 기소된 이화영 전 부지사에게
징역 9년 6개월에 벌금 2억5천만 원을 선고하고
3억2,595만 원의 추징을 명령했다

동해 석유·가스 유망성

동해 석유·가스 매장 가능성을 분석한
미국 엔트지오의 비토르 아브레우 고문이 입을 열었다
아브레우 고문은 6월 7일 기자회견에서
"20%의 성공률은 굉장히 양호하고 높은 수준"이라며
"유망성이 상당히 높아 세계적인 석유 관련 회사들이
주목하는 상황"이라고 말했다
'영일만 석유'를 둘러싸고 불거진
각종 의혹에 대해 답하면서다
이날 아브레우 고문은 정부세종청사
산업통상자원부 기자실에서
여러 의혹과 관련한 질문에 답을 내놨다
윤석열 대통령이 3일 최소 35억 배럴에서
최대 140억 배럴의 석유·가스가
동해 심해 지역에 부존돼 있을 가능성을 발표한 이후
신뢰도와 가능성을 놓고 '물음표'가 더해져 왔다

국회 개원하자마자 '유전' 공방…
더불어민주당이 영일만의 석유·가스 매장 가능성을 분석한
미국 기업 엔트지오의 신뢰성 관련 의혹을 집중 부각하며
총공세를 이어 갔다
이에 국민의힘은 "대한민국 발전을 저주하는

고사를 지내는 듯하다"고 즉각 반발하는 등
22대 국회가 개원하자마자
영일만 유전을 둘러싼 정치권 공방이 거세지고 있다

TSMC 회장 만난 최태원

파운드리(반도체 위탁생산) 1위
대만 TSMC의 3대 회장인 웨이저자(魏哲家) 체제가
공식 출범하자마자 엔디비아를 중심으로 한
'인공지능(AI)칩 연합'이 결속력 다지기에 나섰다
최태원 SK그룹 회장은
대만에서 위이 회장과 만나 AI협업을 다졌다
젠슨 황 엔비디아 최고경영자(CEO)는
"대만의 지정학적 문제에 우려하지 않는다"며
웨이 회장에게 지지 의사를 밝힌 것으로 알려졌다
'뉴 TSMC 시대'에 맞춰 부문별 1위 업체로 구성된
엔지디아 연합이 자신들의 독주체제를 굳히기 위한
협력 강화에 더욱 속도를 내는 것이다
최태원 회장은 6월 6일 TSMC 본사가 있는
대만 신주를 찾아 웨이 회장과
AI 및 반도체 협업 방안을 논의했다
웨이 회장 취임 이틀 만이다

대북 확성기 재개

정부가 북한의 오물풍선 공세에 대응해
6월 9일 대북 확성기 방송을 재개했다
2018년 판문점 남북정상회담 직후 중단한 지 6년 만이다
대통령실은 "우리 국민의 불안과 사회혼란을 야기하는
어떠한 시도도 용납할 수 없다"며
"오늘 중 대북확성기를 설치하고 방송을 실시할 것"
"우리가 취하는 조치들이 북한 정권은 감내하기 힘들지라도
북한의 군과 주민들에게는
빛과 희망의 소식을 전해줄 것"
이라며 "남북간 긴장 고조의 책임은 전적으로
북한 측에 달려있다"고 강조했다
북한은 한국군이 대북확성기 방송을 실시한 이후
또다시 밤늦게 풍선을 띄워 맞대응했다

이재명 사법리스크

'쌍방울 대북 송금' 이재명사법리스크 재점화…
검찰이 2019년 쌍방울 그룹의 대북송금과 관련해
이재명 더불어민주당 대표를 기소하기 위한
저울질에 돌입했다
이 대표의 사법리스크 2라운드가 본격화됐다
국민의힘은 총공세에 나섰고
이 대표는 침묵하고 있지만
친명계는 검찰 수사를 특검하자고 외친다
조국 조국혁신당 대표는 관망중이다
2024년 6월 7일 쌍방울 의혹 사건 1심에서
이화영 전 경기도 평화부지사가
징역 9년 6개월의 실형을 선고받은 후
이재명 대표는 대북송금 혐의로 추가 기소되면
4개 재판을 동시에 받게 된다
현재 서울중앙지법에서
대장동·백현동·성남FC 등 관련
배임·뇌물혐의 사건과 공직선거법 위반·위증교사혐의
사건 등 3개 재판을 받고 있어서다
쌍방울 대북송금 의혹은
2019년 경기도가 북한 측에 지급하기로 약속한
스마트팜 사업비 500만 달러와

당시 도지사였던 이재명 대표의 방북비용 300만 달러를
김성태 전 쌍방울 회장에게 대납시켰다는 내용이다

이재명 사법리스크 관련 재판에서
① 이화영 징역 9년 6개월
② 김용 5년 등 최측근들은 물론이고
③ '백현동 로비스트' 김인섭은 5년 · 김만배 2년
   6개월 · 최윤길 4년 6개월 등
대장동 연루자들이 줄줄이 징역형을 선고받아
이재명 리스크의 윤곽이 뚜렷해지고 있다

윤 대통령 중앙아 3국 방문

윤석열 대통령이 2024년 6월 10일
투르크메니스탄을 시작으로
카자흐스탄·우즈베키스탄 등
중앙아시아 3개국 순방에 김건희 여사도 동행한다
윤 대통령이 올해 첫 순방지로
중앙아시아를 선택한 것은 핵심 자원 때문이다
대통령실 관계자는
"우크라이나 전쟁과 중동 분쟁 등으로
글로벌 복합위기가 확산하며
중앙아시아의 전략적 중요성이 더욱 커지고 있다"며
"우리나라의 기술력과 중앙아시아의 풍부한 자원을 연계해
새로운 협력 모델인 'K-실크로드'를 만들겠다는 게
윤 대통령의 생각이라고 전했다
이날 윤 대통령은 투르크메니스탄에 도착해
정상회담을 열고 양국 협력 확대 방안을 논의했다

거야 상임위 독식

2024년 6월 10일 더불어민주당이
법제사법위원회·운영위원회·과학기술정보방송통신위원회
등을 포함해 국회 상임위 11곳의
위원장 자리를 독차지했다
국민의힘은 사법위원장만이라도 넘겨달라
마지막 협상카드를 내밀었지만 이마저 거부했다
국회 본회의는 국민의힘 의원들이 모두 불참한 채
야권 의원 191명만 참석했다
국회의장실 앞을 점거했던 국민의힘 추경호 원내대표는
"오늘 민주당도 죽었고 국회도 죽었다"며
"국회는 이재명 1인 독재 체제로 전락됐다"고 비난했다

김건희 여사 명품백 종결

국민권익위원회가 2024년 6월 10일
김건희 여사의 '명품백 수수 의혹'과 관련해
수사기관 이첩 등의 조치 없이 종결처리했다
권익위는 지난해 12월 참여연대가
"김 여사가 재미교포 최재영 목사로부터
300만 원 상당의 명품 가방을 받아
김 여사와 윤 대통령 최 목사가 청탁금지법을 어겼다"며
신고한 사건을 조사해왔다
정승윤 권익위 부위원장 겸 사무처장은 브리핑을 통해
"전원위원회에서 논의한 결과
대통령 배우자에 대해 청탁금지법상
공직자 배우자에 대해 제재규정이 없어
사건을 종결하기로 했다"고 밝혔다

동해 유전·가스전 시추

"경북 포항 영일만처럼 리스크가 작고
유망구조는 세계적으로 드물다
이런 가능성을 놓고 개발할지 말지
논란이 벌어지는 건 일반적이지 않다"
비토르 아브레우 액트지오 고문이
6월 10일 포항 석유가스전에 대해 이같이 밝혀
"한국 석유공사가 아니면 다른 석유회사가
언젠가는 영일만에서 시추에 나설 것"이라고 단언했다
정부는 이달 말 안덕근 산업통상자원부 장관 주재로
'개발전략회의'를 열어 탐사시추 준비 현황을 점검한다
다음달 액트지오의 자문을 받아
정확한 탐사시추 지점을 확정하고
첫 시추공을 뚫을 예정이며
오는 12월 말 첫 탐사시추를 시작하고
이를 통해 확보한 자료는 3개월간 분석한다
정부는 내년 상반기 중
1차 시추 결과가 나올 것으로 기대한다

두 동강 난 국회

정치는 또 왜 이런가?
22대국회가 개원과 동시에
초유의 불명예 기록을 쌓고 있다
2024년 6월 5일 헌정사상 최초의
'야당 단독개원'으로 시작한 데 이어
11일 국민의힘이 제헌국회 이래 가장 빠른
시점에 국회의장 사퇴 촉구를 발의했다
윤석열 대통령의 재의요구권(거부권) 행사 횟수도
이번 국회에서 역대 최고치를 찍을 것으로 보인다
국회는 이날 더불어민주당 등 야당의
11개 국회 상임위원회 위원장 단독 선출
후폭풍에 휩싸였다
국민의힘은 상임위 일정을 보이콧하고
15개의 자체 특별위원회를 꾸려
현안 대응에 나서기로 하면서
정치 실종사태가 장기화하고 있다

제2장
인구 국가비상사태

전국이 흔들렸다

부안 규모 4.8 지진…
6월 12일 오전 8시경 전북 부안군 지역에서
규모 4.8의 지진이 발생했다
이번 지진은 올해 한반도와 주변 해역에서 발생한 지진 중
규모가 가장 크다
이날 부안군 개화면의 한 주택가에 기왓장이 널브러졌고
상서면의 한 식당과 행안면의 편의점 진열대에 놓여 있던
물건들이 바닥에 쏟아졌다
지진이 잦지 않은 지역에서 강진이 발생한 것으로
인근 지역은 물론 수도권과 영남 등
전국 전역에서 흔들림이 느껴졌고
전국 어디에도 안전지대는 없다고 했다

이재명 5번째 기소

쌍방울그룹의 대북송금 의혹을 수사 중인 검찰이
6월 12일 더불어민주당 이재명 대표를
제3자 뇌물수수 등의 혐의로 재판에 넘겼다
윤석열 정부 들어 검찰이 이 대표를 기소한 것은 5번째로
이 대표는 4개의 재판을 동시에 받게 됐다
수원지법에서 대북송금 재판이 시작되면
서울과 수원을 오가며
4개(기소 5건 중 백현동 재판은 대장동 재판에 병합)의
재판을 받아야한다
이 대표는 기자들과 만나
"검찰의 창작수준이 갈수록 떨어지고 있다"고
직접 반발했다
"사건이 얼마나 엉터리인지는
우리 국민들께서 조금만 살펴도 쉽게 알 수 있다"며
"이럴 힘이 있으면 어려운 민생을 챙기고
안보·경제를 챙기시길 바란다"고 했다

한 · 카자흐 정상회담

2024년 6월 12일 카자흐스탄을 국빈 방문 중인
윤석열 대통령은 "양국은 리튬을 포함한
주요 광산물 탐사·채굴·제련 등 전 주기에 걸친
파트너십을 발전시키기로 했다" 밝혔다
한국 기업들이 카자흐스탄 내 리튬·크롬·티타늄 등
핵심광물을 개발하고 생산하는 과정에
우선적으로 참여할 기회를 확보했다
카자흐스탄은 전 세계 크롬 중 41.4%가 매장돼 있는
대표적인 자원 부국이다
윤 대통령과 카심조마틀 토카예프 카자흐스탄 대통령은
12일 카자흐스탄 수도 아스타나에 있는 대통령궁에서
정식 회담을 하고 핵심광물·인프라·에너지 등에 대한
협력을 강화하기로 합의했다

고립되는 의사들

'히포크라테스의 통곡'이라는 제목의 대자보가
분당서울대병원 곳곳에 내걸렸다
서울대의대 · 서울대병원 교수들이 6월 17일부터
집단 휴진을 결의한 데 대해
이 병원 노조가 내건 대자보다
노조는 "휴진으로 고통 받는 이는
예약된 환자와 동료뿐"이라며
"의사제국총독부의 불법 파업 결의를 규탄한다"는
내용을 대자보에 담았다
오죽하면 한솥밥 먹는 사람들을
'의사제국'이란 표현까지 써가며 비판할까
한국암환자권익협의회 등 5개 환자단체가 속한
중증질환연합회는 의사들의 행태가
조직폭력배와 다를 바 없다고 규탄했다
협회는 "특권을 유지하기 위해
국가와 국민을 혼란에 빠뜨리고
무정부주의를 주장한 의사 집단을
더는 용서해서는 안 된다"며
대규모 고소 · 고발을 예고했다

이재명 방탄에 사활

더불어민주당이 '재판부 퇴출' 카드까지 내걸었다
쌍방울그룹의 불법 대북송금과 관련해
검찰이 더불어민주당 이재명 대표를
'제3자 뇌물' 혐의로 기소하자
민주당이 '이재명 방탄용' 법안을 대거 쏟아내
논란이 커지고 있다
13일 민주당은 국회 개원 2주 만에
수사기관을 압박하는 법을 6건 쏟아냈다
방어 과정에서 "원내 1당이 사법부의 독립성을 침해하고
법치주의의 근간을 흔들고 있다"는 비판이 나온다
법조계는 민주당이
이재명 대표의 사법 리스크를 방어하기 위해
사법권 독립을 크게 위협하고 있다고 비판했다
추경호 국민의힘 원내대표는 의원총회에서
"민주당이 입법부도 모자라
사법부를 파괴하려고 한다"며
"전면 저지하겠다"고 말했다

KTX 우즈베크 달린다

윤석열 대통령의 우즈베키스탄 국빈 방문을
계기로 현대로템이 우즈베키스탄에 시속
250km급 고속철 차량 42량을 수출하는
2,700억 원대 계약을 6월 14일 체결했다
올해 KTX 도입 20주년을 맞아
축적된 한국 독자 기술력으로 개발한
고속철 차량이 최초로 수출된 쾌거라고
대통령실이 밝혔다
중앙아시아 3국을 순방 중인 윤 대통령은
타슈켄트 대통령궁에서
샵카트 미르지요예프 우즈베키스탄 대통령과
정상회담을 한 뒤 공동 발표에서
"우리 기술력으로 개발한
고속철 차량의 첫 수출 사례"라며
"우즈베키스탄의 철도 인프라 개선에 기여하는 한편
고속철도 운영 등 양국 철도 분야 전반의
협력 확대로 이어질 것"이라고 말했다
양국은 하반기 입찰 예정인
'타슈켄트~안디잔 고속도로' 같은
대규모 인프라 사업(53억5천만 달러) 수주에도
적극 협조하기로 했다

양국은 또 텅스텐·몰리브덴 등
2차전지 핵심 광물 등에 대한
공급망 협력 파트너십을 체결했다
윤 대통령은 "우즈베키스탄의 풍부한 광물자원과
한국의 우수한 기술력을 결합해 양국 간
공급망 협력의 시너지를 극대화하기로 했다"며
"경제성이 확인되는 경우 우리 기업이 우선적으로
참여할 수 있도록 적극 협력할 것"이라고 했다
윤석열 대통령과 김건희 여사는
투르크메니스탄·카자흐스탄·우즈베키스탄 등
중앙아시아 3국 국빈 방문을 마치고
6월 16일 경기 성남시 서울공항을 통해 귀국했다

이재명 애완견 후폭풍

더불어민주당 이재명 대표가
'쌍방울 불법 대북 송금' 사건으로
기소된 지 이틀 만인 14일
"희대의 조작 사건으로 결국은 밝혀질 것"이라고 했다
그러면서 "검찰이라는 국가 권력기관이 사건을 조작하고
엉터리 정보를 제공한다"며
"(언론도) 마치 검찰의 애완견처럼 주는 정보를 받아서
열심히 왜곡 조작하고 있다"고
검찰과 언론을 싸잡아 비난했다
이 대표는 이날 오후 서울중앙지법에서 열린
공직선거법 위반 사건 관련 재판에 출석하면서
목소리를 높였다
국민의힘 곽규택 수석대변인은
"이 대표는 조여오는 법적 심판이 두려워
이성을 잃기라도 한 것이냐"며
"입법권을 사유화하고 사법부를 발아래 두기 위한
전방위적인 민주당의 의회폭주와 입법독재의 '방탄정치'로
진실을 막으려 하지 말라"고 했다

이에 민주당 초선 의원들이
"검찰 주장을 받아쓰는 행태를

애완견이라 부르지 감시견이라 부르느냐"고
두둔하면서 논란이 확산되고 있다
국민의힘에선 당권 주자를 중심으로
"독재자 예행연습" "조폭 같은 막말" 등
강한 비판이 나왔다
나경원 의원은 "중대 범죄의 실체를
국민에게 전하는 언론을 애완견으로 매도한
이 대표는 정파와 이념을 넘어
기본 수준을 의심케 한다"고 비판했다
안철수 의원은 "귀를 의심케 하는 희대의 망언"이라며
"국민에 대한 모욕"이라고 했다
유승민 전 의원은 "저런 사람이 대통령이 되면
나라가 망하겠구나 생각밖에 들지 않는다"고 했다

언론인 폄훼 조롱

한국기자협회·전국언론노조·방송기자연합회 등
3개 언론단체가 언론을 '검찰의 애완견'이라고 표현한
이재명 더불어민주당 대표 등을 향해
"언론 자유를 부정한 망발"이라며 사과를 촉구했다
이 3개 언론단체는 6월 17일
'언론에 대한 과도한 망언을 사과하라'는
제목의 공동 성명서를 내고
"야당 대표와 국회의원이 언론인에 대한
과도한 비하 발언으로 언론을 폄훼하고 조롱하며
언론의 자유를 억압하려는 시도에
우려가 커지고 있다"고 밝혔다
그러면서 "윤석열 정부의 언론탄압을 비판하며
언론자유를 누구보다 지지한다고 강조해온
민주당에서 드러낸 저급한 언론관이자 막말이기에
더욱 실망감을 감출 수 없다"며
"제1당의 대표와 국회의원이
공공연하게 언론을 적대시하는 상황에
아연실색할 수밖에 없다"고 비판했다

최태원 1.3조 분할 오류

최태원 SK그룹 회장과 노소영 아트센터 나비관장의
이혼 소송 항소심 재판부가
6월 17일 판결문을 경정(更正·수정)했다
최 회장 측은 바뀐 부분이 1조3,808억 원
재산 분할 전체에 해당하는 '치명적 결함'이라고 주장하며
상고 방침을 공식화했다
이날 판결문 수정으로 인해 재산 분할은
새로운 국면으로 접어들게 됐다는 평가가 나왔다
최 회장은 17일 서울 종로구 SK서린사옥에서
항소심 이후 첫 기자회견을 열어
"개인적인 일로 국민들께 걱정과 심려를 끼쳐 드린 점
사과드린다"고 고개를 숙였다
최 회장은 "사법부의 판단은 존중돼야 하지만
저는 상고를 하기로 결심했다"고 말했다
노소영 관장 측 법률대리인은 "결론에는 지장이 없다
일부를 침소봉대해 사법부의 판단을 방해하려는 시도는
매우 유감"이라고 입장을 밝혔다

의사 최고연봉은 6억

전국 113개 의료기관 중
의사 1인당 평균 연봉이 가장 높은 곳은 4억 원
의사 중 최고 연봉은 6억 원대인 것으로 조사됐다
의사를 구하기 힘든 지방병원과 공공·중소병원들의
인건비가 더 높은 것으로 나타났다
반면 국립대병원과 사립대병원 등 대형병원 전문의 1인당
평균 연봉은 1억5,000만 원 ~ 2억 원
최고연봉은 4억 원 수준이었다
이는 연장·야간·휴일 근로수당이나
연차수당이 제외된 것이다
노조는 과도하게 높은 의사임금이
병원 경영난의 주요 원인이 되고 있다고 했다

다올백 의혹 수사

윤석열 대통령의 부인 김건희 여사의
다올백 수수 의혹을 수사 중인 검찰이
김 여사를 보좌하는 대통령실 행정관을 불러 조사했다
검찰이 다올백 의혹과 관련해
대통령실 관계자를 조사한 건 처음이다
서울중앙지검 형사1부(부장검사 김승호)는
6월 19일 대통령실 소속 조 모 행정관을
참고인 신분으로 불러 조사했다
조 행정관은 김 여사에게 다올백을 건넨
최재영 목사와 직접 연락을 주고받은 인물이다

타지마할 관광 의혹 수사

문재인 대통령의 부인 김정숙 여사의
'인도타지마할 방문 의혹'을 수사하는 검찰이
고발인을 불러 조사하며 수사를 본격화했다
서울중앙지검 형사2부(부장검사 조아라)는
6월 19일 김정숙 여사를
국고 등 손실·업무상 횡령·배임 등의 혐의로 고발한
이승해 서울시의원(국민의힘)을 조사했다
이 의원은 김 여사의 2018년 11월 인도 방문 등에
예비비 4억 원이 편성됐다고 주장하며
김 여사를 지난해 12월 검찰에 고발했다
이 의원은 김 여사가 대통령 전용기에
지인을 탑승시킨 의혹도 있다며
직권남용 권리행사 방해혐의도 고발장에 적시했다
이 의원은 검찰에 출석하며
"타지마할을 여행할 목적으로 대통령 전용기를 이용하고
4억 원의 세금을 탕진한
심각한 국기 문란 사건"이라고 주장했다

김정은·푸틴 정상회담

북한과 러시아가 2024년 6월 19일
동맹에 준하는 '포괄적전략동반자조약'을 체결했다
러시아는 우크라이나 전쟁에 필요한
북한의 군사 지원에 대한 법률적 근거를 얻음과 동시에
향후 추가적인 군사 지원의 길을 열게 되었다
북한은 그 대가로 군사기술과 경제적 지원 등을
러시아로부터 받게 됐다
미국이라는 공통된 적을 명분 삼아 양국의 밀착이
전략적 장기 파트너가 된 것이다
타스통신·스푸트니크 등에 따르면
블라디미르 푸틴 러시아 대통령과
김정은 북한 국무위원장은 6월 19일 오후
북한 평양금수산 영빈관에서
북·러 정상회담을 마치고
양국 관계에 관한 조약에 서명했다

한공회 회장 최윤열

최윤열(74) 전 더불어민주당 의원이
한국공인회계사 새 회장으로 선출되었다
26,000명의 회계사를 대표하는 최 회장은
주기적 감사인 지정제가 골자인
외부감사법 수성에 힘쓰겠다고 밝혔다
한공회는 6월 19일 서울 여의도 63컨벤션센터에서 열린
정기총회에서 최 전 의원이
47대 회장으로 당선됐다고 밝혔다
최 회장은 서강대 경영학 교수 출신으로
코스닥위원회위원장 · 한국증권학회장 ·
한국은행 금융통화위원 등을 지냈다
최 회장은 투표에 참여한 회계사 14,065명
가운데 46.06%의 지지를 받았다
이어 나철호 후보가 28.35%
이정희 후보가 25.59%의 득표율을 기록했다
한공회는 지난 1월 말 기존 26,250명에 달하는
회계사를 대표하는 직능단체로
연간 예산 500억 원대에 달한다

지지율 위기 윤 대통령

윤석열 대통령이 6월 20일
경북에서 민생토론회를 열고
"우리가 처한 저출생과 인구절벽
수도권 집중과 지방소멸의
국가적 비상사태를 극복하려면
불굴의 도전정신이 필요하다"며
"바꿀 수 있는 것은 모두 바꾼다는 절박함으로
다 함께 힘을 모아야 한다"고 말했다
윤 대통령은 박태준 포스코 전 회장을 거론하며
"박 회장님은 '성공하지 못하면 우향우해서
바다에 빠져 죽자'는 사즉생의 정신으로
포항제철을 건설했다"며
저출생과 지방소멸 문제 해결을 위한 각오를 다졌다
그리고 "3조4,000억 원 규모의
영일만 횡단 고속도로 건설을 빠르게 추진하겠다"
박정희 대통령 업적을 띄우고
박 대통령 기록물이 있는 영남대 역사관도 찾았다
지지율 위기를 겪고 있는
윤 대통령이 전통 보수층 결집을 위해
경북 공략에 나선 것이란 해석이 나온다

서울대병원 휴진 중단

서울대 의대·병원 교수들이 6월 21일
무기한 휴진을 중단하기로 결정했다
휴진이 더 오래 이어지면
환자들의 피해가 커질 수 있다는 점을 고려해
교수 10명 중 7명 이상이 지속 가능한 방식으로
투쟁해야 한다는 의견을 내면서다
이에 따라 서울대병원은 6월 17일부터 이어진
전면 휴진을 1주일 만에 중단하고
24일부터 정상 진료체계로 복귀하기로 했다
또 이번 결정으로 다른 대학병원들의
휴진 움직임에도 제동이 걸릴 전망이다

푸틴의 위협

블라디미르 푸틴 러시아 대통령이 6월 20일
한국의 대 우크라이나 살상무기 지원 검토에 대해
"한국이 우크라이나에 살상무기를 제공하면
우리는 상응하는 결정을 할 것이고 이는 한국 지도부에
달갑지 않은 결정일 것"이라고 밝혔다
푸틴 대통령이 직접 한국에
'고통스러운 방식으로 보복하겠다'고 위협한 셈이다
유사시 러시아의 한반도 군사 개입 근거를 담은
북·러조약 체결에 우리 정부가
우크라이나 살상무기 불가 원칙을
재검토하겠다고 발표한지
24시간도 지나지 않은 시점이었다
푸틴은 또 북한에
초정밀 무기를 공급하는 것을 배제하지 않는다며
우리 정부가 레드라인으로 규정해온
'첨단 군사기술 이전'을 노골적으로 거론했다

인구 국가비상사태 선언

정부가 2024년 6월 19일
'인구 국가비상사태'를 선언하고 종합대책을 내놨다
갈수록 심해지는 저출생 기조를 반전하려는 대책이다
연 1회·2주 단위의 단기 육아 휴직 도입
아빠 출산휴가 기간 연장 같은
단기 돌봄제도 등을 우선 확대한다
정부는 이날부터
부총리급 인구전략기획부 신설계획도 발표했다
저출산고령사회위원회(저고위)는 이날
'저출생 추세 반전을 위한 대책'을 발표했다
정부는 현재의 저출생 상황을
'국가 존립 우려가 현실화되고 있는 엄중한 상황'이라고
진단하며 '인구 국가 비상사태'를 선언했다
앞으로 저고위회의를 '인구 비상대책회의'로 전환해
개최하기로 했다

우울에 빠진 대한민국

우리나라 성인 남녀 10명 중 4명은
최근 2주간 적어도 한 번 이상
"살고 싶은 마음이 없다"고 생각한 것으로 나타났다
삶에 지치고 소진된 일상 속에서
심리적으로 막다른 코너에 몰린 상태라는 의미다
또 3명 중 2명은
번아웃 · 우울증 · 무기력감 · 심각한 불안감 · 자살 충동 등
정신건강 문제를 한 개 이상 겪은 경험이 있고
지금도 경제 · 직장 문제와 대인 관계를 비롯
최소한 2개 이상의 영역에서 스트레스를 받고 있는 등
국민 상당수가
정신적 고통에 시달리고 있는 것으로 조사됐다
반면 정신건강과 관련해
전문가 상담 · 치료를 받은 경우는
3명 중 1명에 불과해 국민 정신건강문제 해결을 위한
보다 실효성 있는 대책 마련이 시급한 것으로 나타났다

대왕고래 성공률 20%

정부가 동해 심해 유전·가스 개발
(이하 대왕고래프로젝트)을 추진하는 가운데
포스코인터내셔널· SK E&S · GS에너지 등
국내 기업의 투자 가능성이 커지고 있다
산업통상자원부는 6월 21 포스코인터내셔널 등이
참석한 가운데 안덕근 장관 주재로
대왕고래프로젝트 관련 전략회의를 진행했다
민간 기업 가운데 포스코인터내셔널의
투자 가능성이 점쳐지고 있다

전국 폐교 3,955곳

인구 감소로 전국적으로 폐교가 이어지면서
지방자치단체는 폐교 부지에 대한 관리 및
활용에 어려움을 겪고 있는 것으로 알려졌다
전국적으로는 전체 폐교 3,955곳 중 395곳이
매각·임대·자체 활용 모두 안 된 채 방치돼 있다
현행 법령에 따르면 폐교는
교육용시설·사회복지시설·문화시설·공공체육시설·
귀농·귀촌 시설 등으로만 매각 또는 임대할 수 있다
교육부 관계자는
"지자체에서도 활용 목적을 늘려달라는
건의가 많이 들어와
개선 방안을 마련 중"이라고 말했다

러시아 하기 나름

장호진 대통령 국가안보실장은 6월 23일
"러시아가 고도의 정밀 무기를 북한에 준다고 하면
우리에게 더 이상 어떤 선이 있겠는가"라고 말했다
러시아가 북한에 대륙간탄도미사일(ICBM)
핵무기 관련 무기 기술을 제공하면
우리 정부도 제한 없이 우크라이나에 무기를
지원하겠다는 경고로 풀이된다
장 실장은 우크라이나에 대한 무기 지원 재검토와 관련해
"러시아 측이 하기 나름이라는 것을 강조하고 싶다"며
이같이 밝혔다
6월 22일 '떠다니는 군사기지'
미 핵항모 루스벨트호 부산에 입항…
핵추진 항공모함 '시어도어 루스벨트(10만톤급)'가 포함된
미 해군 제9항모강습단이
부산해군작전사령부 작전기지에 입항했다

제3장

6·25전쟁 74주년

여당 당대표 출마선언

국민의힘 유력 당권주자인
한동훈·나경원·원희룡 등이 6월 23일 도전장을 냈다
이날 국회에서 한 시간 간격으로
출마 기자회견을 연 세 사람은
해병대원 특검
윤석열 대통령과의 관계 등 현안을 놓고
차별화된 목소리를 냈다
21일 출마 선언을 한 윤상현 의원을 비롯한
네 사람은 오는 7월 23일 전당대회까지
치열한 격돌을 이어갈 전망이다

원구성 협상 결렬

우원식 국회의장이 상임위원회 구성협상의
'데드라인'으로 제시한 6월 23일 여야가 만났지만
별다른 소득 없이 돌아섰다
법제사법 · 운영위원회 등
11개 상임위원장을 가져간 민주당이 나머지
7개까지 차지해
18개 상임위 전체를 독식할 가능성이 커졌다
추경호 국민의힘 원내대표와 박찬대 민주당 원내대표는
국회에서 우 국회의장 주재로 만났지만
견해차를 좁히지 못했다
추 원내대표는 회동 후 기자들과 만나
"우원식 국회의장의 중재도 없고
오만한 민주당이 한 치의 움직임도 없이
시종일관 똑같은 얘기만 반복하고 있다"며
"더 이상의 빈손 협상은 무의미하다"고 했다

차이나 대탈출

중국에서 기업·자본·인력이
일제히 빠져나가고 있다
시진핑 국가주석 체제에서
사회통제와 경기침체가 심화하고
미국과의 무역갈등 격화로
지정학적 리스크가 커지고 있기 때문이다
니혼게이자이신문은 일본 닛산자동차가
중국 장쑤성 항저우 공장을 폐쇄했다고
6월 23일 보도했다
조국을 등지는 중국 국민들도 늘고 있다
블룸버그가 유엔 인구조사통계국 자료를 분석한 결과
2010~2019년 연평균 191,000명이던 중국 순이민자는
2020~2023년 약 310,000명으로 급증했다

리튬전지 화재 23명 사망

경기도 화성시 전곡해양단지 내
리튬 1차전지 생산공장에서 6월 24일 대형 화재가 발생해
23명이 숨지고 8명이 중경상을 입었다
특히 숨진 노동자 대부분이 중국 등지에서 온
외국인으로 알려졌다
소방 당국은 리튬전지 약 35,000개가 보관돼 있던
건물에서 폭발하듯 불길이 시작된 것으로 보고
원인을 파악하고 있다

여당 7개 상임위장 수용

22대국회 임기 시작(5월 30일) 이후
평행선을 달려온 여야의 원구성 협상이
더불어민주당의 판정승으로 일단락됐다
국민의힘이 법사위원장·운영위원장직을
탈환하지 못한 채 6월 24일
'국회 보이콧' 투쟁을 끝내기로 결정했다
국민의힘은 의원총회를 열고 여당 몫으로 남겨둔
외교통일·국방·기획재정·정무·여성가족부·
산업통상자원중소벤처기업·정보위 등
7개 상임위 위원장과 여당 몫 국회부의장 선출은
이번 주 국회 본회의에서 이뤄질 전망이다

사우디 폭염 순례 사망

극심한 폭염 속에서 치러진
이슬람 정기 성지순례(하지)에서
더위로 인한 사망자가 1,300명을 넘었다
이런 가운데 폭염으로 인한 식품 물가상승 현상인
히트플레이션 마저 중동 일대를 덮치고 있다
6월 23일 사우디아라비아에서 14~19일
성지순례 기간 무더위로 숨진 사람이
총 1,301명으로 집계됐다
지난해에도 200여 명이 온열 질환으로 사망했는데
올해는 6배 이상 늘어난 수치다
올해 순례 기간 메카 대사원 '마스지드 알하람'의
낮 최고기온은 51.8℃까지 치솟는 등
폭염이 이어졌다

이재명 당대표 사퇴

이재명 더불어민주당 대표가
6월 24일 당대표직을 사퇴하면서
차기 당대표 재출마 의사를 드러냈다
8·18 전당대회 차기 대표 선거 출마에 대해선
"조만간 결정할 것"이라면서도
"출마하지 않기로 확정했다면 사퇴하지 않았을 것"이라며
연임 도전을 사실상 공식화한 것이다
이 전 대표 '일극 체제'를 통한
'사법리스크 방탄구축'이라는 세간의 우려는
결국 현실화하고 있다
이 전 대표는 대장동·백현동·성남FC 배임·
뇌물 공직선거법 위반 위증교사 혐의로 재판받고 있다
여기에 쌍방울 대북 송금의혹 관련
제3자 뇌물 혐의로 기소돼
4개 재판을 동시에 받고 있는데
어느 사건이든 유죄가 최종 확정되면
피선거권이 박탈될 수도 있어
앞으로의 귀추가 주목된다

6·25전쟁 74주년

윤석열 대통령이 6·25전쟁 74주년인 2024년 6월 25일
"북한이 최근 오물풍선 살포와 같이 비열하고
비이성적인 도발까지 서슴지 않고
러시아와 유엔 안전보장이사회 결의를 위반하는
조약을 맺고 군사·경제적 협력 강화를 약속했다"며
"역사의 진보에 역행하는 시대착오적 행동"이라고 비판했다
윤 대통령은 19일 북·러가 체결한
'포괄적 전략적 동반자 관계'에 관한 조약에 대한
입장을 표명한 건 처음이다
윤 대통령은 대구 북구 엑스코에서 열린
6·25전쟁 74주년 행사에 참석해
"우리가 자유와 번영의 길을 달려올 때
북한은 퇴행의 길을 고집하며 지구상의 마지막
동토(凍土)로 남아있다"며 이같이 말했다
6·25전쟁 정부 행사가 지방에서 개최된 것은 처음이다
대구는 전쟁 초기 33일간 임시수도였다
윤 대통령은 이날 오후엔 부산 해군작전기지에 정박 중인
미국 시어도어 루스벨트 항공모함에 직접 승선해
"북한은 핵과 미사일 능력을 고도화하면서
핵 선제 사용 가능성을 공언하며
한반도와 역내 평화를 위협하고 있다"고 비판했다

신생아 19개월 만에 증가

4월 출생아 수가 작년 동월 대비 2.8%가 증가
19개월 만에 플러스로 전환하면서다
출산율의 선행지표인 혼인 건수도 4월 기준
역대 최대 폭으로 늘었다
저출생 상황에 '청신호'가 켜지면서
올해 합계출산율도 반등할 수 있을 것이란
기대감이 나온다
다만 전문가는 기저효과에 따른 일시적 영향이 크고
출산 기피 기조가 이어지고 있어
향후 추이를 예단하긴 어렵다고 지적한다
6월 26일 통계청이 발표한 '4월 인구동향'을 보면
지난 4월 출생아 수는 19,049명으로
1년 전보다 521명 증가했다
주요 원인 중 하나로 2022년 8월부터 시작된
혼인 건수 증가(25%)를 꼽았다

국회 원 구성

국회가 6월 27일 여당 몫 국회부의장과
7개 상임위원회 위원장을 선출했다
이로써 22대 국회는 개원 28일 만에
전반기 국회의장단과 원 구성을 마무리했다
주호영 국민의힘 의원(6선·대구 수성갑)은
재석 283명 중 269명의 찬성표를 얻어 부의장에 당선됐다
더불어민주당은 지난 5일 우원식 국회의장(5선)과
자당 몫 부의장으로 이학영(4선) 의원을 선출했다
여야는 18개 상임위 중
국민의힘 몫 7개 상임위원회 위원장도 뽑았다

TK에서 왕따당한 한동훈

국민의힘 당 대표 경선에 출마한
한동훈 후보가 6월 27일 보수 텃밭인
대구·경북 지역을 방문해 지지를 호소했다
한 후보가 TK에 공을 들이고 있는 건 상당수
당원이 이 지역에 거주하고 있어서다
그러나 이 지역엔 '한동훈 비토' 정서도 적지 않다
홍준표 대구시장은 최근 한 후보의 면담요청을
두 차례 거절했다고 밝혔고
이철우 경북지사도 '개인 일정'을 이유로 만남을 거부했다
후진 공산국가 홍위병의 폐습을 이어온
'문빠' '개딸'과 같은 세력이
보수정계에도 침투한 것은 아닌지
우려스러운 일이 벌어지고 있다고 한다

트럼프에 밀린 바이든

2024년 6월 27일 맞붙은
조 바이든 미 대통령(81)과
도널드 트럼프 전 대통령(78)의
첫 대선 TV토론이 인신공격과 가짜 정보로 도배된
'네거티브 비방전'으로 흘렀다
바이든 대통령은 수차례 말을 더듬고
힘없는 표정과 목소리 등으로
'최악의 토론'이란 혹평을 받았고
트럼프 전 대통령은 거침없는 거짓말로 공세를 펴
논란의 불씨를 남겼다
선거일까지 131일 남은 미 대선은 향후
정책 경쟁 대신 네거티브 공방으로 전개될
가능성이 높아졌다는 지적도 나온다
토론이 끝난 뒤 민주당 안팎에선
후보 교체론까지 거론되고 있다

1960년 미국 최초의 대선 TV토론 때
정치 신인 존 F 케네디와
현직 부통령 리처드 닉슨이 맞붙었다
경륜으로 보면 닉슨의 우세가 분명했지만
닉슨은 늙고 초조한 인상을 준 반면

케네디는 젊고 잘생긴 외모와 자신감 있는
말투로 유권자를 사로잡았다
TV토론으로 판세를 바꾼 케네디는
그해 대선 승리를 거머쥐었다
미국에서 TV토론은 대선 승패를 가를
최고의 승부처다
1984년 대선 TV토론 때 73세의 나이로
재선에 나선 로널드 레이건 대통령은
17세 어린 월터 먼데일이 고령을 문제 삼자
"당신의 젊고 경험 없음을 정치적으로
이용하지 않겠다"고 받아쳐 점수를 땄다

국민의힘 당대표 지지도

국민의힘 차기 당대표 선호도 조사에서
한동훈 전 비상대책위원장이 당심과 민심에서
다른 후보들을 앞선다는
여론조사 결과가 6월 28일 나왔다
한동훈 38%, 나경원 15%, 원희룡 15%, 윤상현 4%…
한국갤럽은 "국민의힘 지지자와 무당층을 기준으로 보면
한동훈 대 비한동훈 구도는
38% 대 34%로 막상막하라고 했다
국민의힘 전당대회가 선두 후보인
한동훈 전 비상대책위원장을 향한 공세가
격화되면서 거칠어지는 양상이다

바이든 사퇴론 대혼란

미국의 '안티 트럼프'(도널드 트럼프 반대)
진영이 큰 혼란에 빠졌다
6월 27일 첫 대선후보 TV토론에서 완패한
조 바이든 대통령 후보 교체론을 두고서다
NYT·WP 등 반트럼프 성향의
미국 주류 언론과 진보 진영에서
'바이든 교체론'이 확산되고 있고
대선 패배위기감에 휩싸인 민주당 내에선
후보 교체 움직임이 포착된다
하지만 일각에서는 '무의미한 논쟁'이란 비판이 나온다
무엇보다 바이든 본인의 돌파 의지가 강하다
질 바이든 여사는 "바이든은 진실을 말했고
트럼프는 거짓말을 반복했다"며
바이든에 대한 확고한 지지를 표명했다
민주당 내에서 영향력이 큰 버락 오바마·
빌 클린턴 전직 대통령도 바이든에 힘을 실었다

공한증

국민의힘 7·23전당대회를 앞두고
공한증(恐韓症·한동훈 공포증) 공방까지 오가는 등
신조어를 동원한 상호비방전이 가열되고 있다
한동훈 후보 측이 경쟁 후보의 공세에
축구에서 중국이 한국에 느끼는 공포증에
비유해 반격에 나선 것이다
이에 원희룡 후보는 "공한증 맞다
초보운전자가 운전대를 잡는 게 두렵다"고
역공에 나서는 등 신경전이 거세다
당내에서도 "격한 대립 때문에 친박과 비박 싸움처럼
돌이킬 수 없는 강을 건널까 두렵다"는 말이 나온다
윤석열 대통령과 당권 주자 간
관계가 쟁점으로 떠오르면서
절윤(윤 대통령과 절연) 창윤(윤석열 정권 창업)
업윤(업그레이드 윤석열) 등이 등장했다

친명 전당대회

8월 18일 열리는 더불어민주당 전당대회에서
차기 최고위원 후보로 친명 인사들이
잇달아 출마 선언을 하면서
'친명 전당대회' 분위기가 고조되고 있다
'어대명'(어차피 대표는 이재명) 기류 속
친명 최고위원 후보만 10명 넘게
도전장을 낼 것으로 알려지면서
"비전 대결이 아닌 강성 당원을 겨냥한
친명 선명성 경쟁만 강화될 것"이라는 지적이 나온다

대통령 탄핵 청원 80만 명

윤석열 대통령 탄핵을 요구하는
국회 국민동의청원 동의 인원이 80만 명을 넘어섰다
2024년 7월 1일 기준 청원자가 6월 20일
윤 대통령이 '채상병특검법' 등에 거부권을 행사한 점
등을 이유로 국회가 탄핵소추안을 발의해야 한다는
글을 올린 지 11일 만이다
해당 청원은 소관 상임위원회 회부 요건인
'5만 명 동의'를 얻어 6월 24일
국회 법제사법위원회에 회부됐다.
이후 윤 대통령이 '이태원 참사 조작 가능성'을 언급했다는
내용이 담긴 김진표 전 국회의장의 회고록이 공개되자
동의자가 폭증하는 모양새다
더불어민주당은 이 같은 여론을 등에 업고
대통령실을 향해 날을 세우고 있다
국회 법사위원장인 정청래 최고위원은
"윤 대통령 탄핵 발의 관련 청원이
곧 100만 명을 돌파할 기세고
200만 300만으로 이어질 기세"라며
"국민과 정권의 한판 싸움에서
국민이 이길 것"이라고 주장했다
다만 민주당은 실제 탄핵 추진에는 거리를 두는 모양새다
정치적 파장이나 역풍을 우려하기 때문인 것으로 풀이 된다

위기에 빠진 G7 정상

에마뉘엘 마크롱 프랑스 대통령이 이끄는
범여권 정당이 조기 총선에서 참패했다
조 바이든 미국 대통령은
대선 후보 교체론에 맞닥뜨리는 등
주요 7개국(G7)에서 정권교체 움직임이 거센 모습이다

7월 1일 프랑스 내무부에 따르면
전날 치러진 총선 1차 투표에서
마크롱 대통령의 집권 여당 르네상스를 비롯한 범여권은
20%를 득표해 3위에 그쳤다
33.1%를 얻어 1위를 차지한 강경우파
국민연합(RN)뿐만 아니라
좌파연합 신민중전선(NFP·28%)에도 뒤졌다
오는 7월 7일 2차 투표에서 여소야대 정국이 확정되면
마크롱 대통령과 야당 총리가 함께하는
동거 정부가 탄생하게 된다

바이든 미 대통령은 6월 27일 1차 대선 TV토론 이후
고령 리스크가 불거져
민주당 안팎에서 사퇴 압박을 받고 있다
6월 28~29일 CBS 여론조사 결과

바이든 대통령이 대선에 출마해서는 안 된다는
응답이 72%에 달했다
기시다 후미오 일본 총리는
6월 28~30일 니혼게이자신문 여론조사에서
역대 최저인 25% 지지율을 기록해
역시 사퇴 압박을 받고 있다

시청 앞 교통사고

7월 1일 오후 9시 30분경
서울지하철 2호선 시청역 인근에서
대형 교통사고로 9명이 사망하고
6명의 부상자가 발생했다
경찰에 따르면 시청역 12번출구 인근 교차로에서
제네시스 차량이 인도로 돌진해
다수의 보행자를 숨지게 했다
시청 직원 2명, 병원 직원 3명, 은행 직원 4명 등 9명이다
경찰은 가해 차량을 운전한
68세 차 모 씨의 신병을 확보했으며
운전자는 급발진을 주장하고 있다

이재명 수사 검사 탄핵 추진

국회를 장악한 더불어민주당의
횡포가 선을 넘고 있다
민주당은 7월 2일 이재명 전 대표나
민주당이 연루된 사건을 수사했던 검사 4명에 대한
탄핵소추안을 국회에 제출했다
엄희준·강백신 검사는 이재명의
대장동·백현동·성남FC 수사를
박상룡 검사는 이재명의 대북송금 수사를
김영철 검사는 민주당 돈봉투 수사를
각각 맡은 전력이 있다
헌법 65조 1항은 "공무원이 그 직무에 있어서
헌법이나 법률을 위배한 때에는
국회는 탄핵의 소추를 의결할 수 있다"고 명시했다
즉 위법이 명백하고 중대해야만
탄핵이 가능하다는 헌법정신이다
검사 4명이 어떤 불법을 저질렀는지가 아리송하다
이에 대해 대통령실은
"수사권을 민주당에 달라는 것"이라며 정면으로 비판했고
이원석 검찰총장은 "피고인인 이 대표가 재판장을 맡고
이 대표의 변호인인 민주당 국회의원과 국회 절대다수당인
민주당이 사법부의 역할을 빼앗아
재판을 직접 다시 하겠다는 것"이라고 비판했다

방통위원장 사퇴

윤석열 대통령이 7월 2일 김홍일 방송통신위원장에
더불어민주당의 국회 탄핵소추안 보고 직전
김 위원장 사의를 수용하고 면직안을 재가했다
한상혁 전 위원장 면직 후 13개월 간
7명째 방통위 수장 교체다
민주당 주도의 탄핵 표결을 앞두고
방통위원장이 사퇴하는 것은 2023년 12월
이동관 방통위원장이 탄핵소추를 앞두고
자진 사퇴한데 이어 7개월 만에 되풀이됐다
더불어민주당은 이날 김 위원장에 대한 탄핵소추안을
국회본회의에서 의결할 계획이었다

트럼프의 면책특권

"'가짜 사건들' 상당수는 사라지거나 시들해질 겁니다
미국에 신의 축복을!"
도널드 트럼프 전 대통령의
2020년 대선 뒤집기 시도 혐의 사건과 관련해
미연방대법원이 7월 1일 대통령 재임 중 한
'공적인 행위'엔 면책특권이 인정된다고 결정한 뒤
트럼프가 SNS에 올린 글이다
트럼프는
"미국 헌법과 민주주의를 위한 큰 승리"
"역사적 판결"
"조 바이든은 이제 그의 '개들'을 멈춰 세워야 한다" 등
SNS에 관련 글 5건을 연이어 올리며
'마녀 사냥론'을 주장했다
미연방대법원은 "대통령 재임 중 한
모든 공적행위는 면책특권을 갖는 것으로 추정된다"며
트럼프의 2020년 대선결과 뒤집기 시도에 대한
면책 여부 판단을 하급심 재판부에 넘겼다
대법원은 "전직 대통령의 재임 중 비공식적 행위는
면책특권이 없지만 헌법적 권한 내에서 이뤄진 행동은
절대적 면책특권이 적용돼야 하며
모든 공적인 행동들은

추상적 면책특권을 부여받는다"고 판시했다
이번 결정은 연방대법원의 '보수 대 진보' 구도를
고스란히 반영했다
보수성향 대법관 6명은 모두
면책특권 인정 취지 판단으로 뜻을 모았고
진보성향 대법관 3명은 전원 반대 의견을 냈다

도널드 트럼프 전 대통령의 재선 가능성이 커지면서
채권시장과 외환시장이 요동치고 있다
미국 국채 금리는 '발작' 수준으로 급등했고
이에 따른 달러화 강세로
엔·달러 환율이 37년여 만에 최고치를 경신하고
원·달러 환율도 치솟았다
세계적으로 정치가 경제를 뒤흔드는
폴리코노미(폴리틱스+이코노미)가 본격화하는 양상이다

제4장

인간만사 새옹지마

도둑이 경찰 잡겠다는 격

더불어민주당이 검사 4명에 대해
탄핵소추안을 발의한 것을 두고 7월 3일
검찰 내부 반발이 확산되고 있다
이원석 검찰총장이 2일 기자회견을 자청해
공개 비판에 나선데 이어
검찰 주요 간부들이 잇따라
'위법·위헌 탄핵'이라며 입장을 냈다
서울중앙지검장 시절 이재명 수사를 지휘했던
송경호 부산고검장은 "나를 탄핵하라"고 반발했다
박영진 전주지검장은
"무수한 혐의로 수사와 재판을 받는 부패한 정치인 또는
그가 속한 정치세력이 검사를 탄핵한다는 건
도둑이 경찰을 때려잡겠다는 것"이라며
"입법 독재를 넘어선 입법 폭력"이라고 비판했다
퇴직 검사들의 모임인 검찰동우회도
"민주당은 검사들에 대한 탄핵소추안을
즉각 철회하라"고 했다

바이든 사퇴 압박

조 바이든 대통령의 정면 돌파 선언에도
민주당 대선후보 교체론이 확산일로다
바이든 본인은 대선 레이스 완주의지를 굽히지 않고 있지만
'TV토론 폭망' 후 패닉 상태인 민주당…
뚜렷하게 하향세인 여론조사 결과 바이든에게 등을 돌린
친민주당 성향 언론 등은 바이든에게
'결단'을 압박하는 흐름으로 내몰고 있다
미국 대선 여론조사 결과
조 바이든 대통령 대 트럼프 43 : 49
카멜라 해리스 부통령대 트럼프 45 : 47
미셸 오바마 대 트럼프 50 : 39 등으로 나타났다
수면 아래 불만이 끓던 민주당에선 7월 2일
현역 의원이 공개적인 '후보사퇴론'을 처음으로 냈다
총대를 멘 건 15선의 로이드 도겟 하원의원으로
그는 성명을 내고 "과거 린든 존슨 전 대통령이
재선 도전 포기라는 고통스러운 결정을 내렸듯
바이든도 접어야 한다"고 주장했다
존 F 케네디 행정부 부통령이었던 존슨은
케네디 암살 후 대통령직을 맡았고
1964년 대선에서 대승하며 연임했다
이후 1968년 대선에 다시 도전했지만
베트남 전황 악화·경제위기로 민심이 들끓자
대선 경선에서 하차한 일이 있다

채상병 특검법 통과

더불어민주당을 비롯한 범야권 주도로
7월 4일 국회본회의에서 '채상병 특검법'이 통과됐다
22대 국회 첫 법안부터 거야(巨野)가 단독 처리하고
윤석열 대통령이 거부권을 행사하는 수순을
되풀이하게 됐다
대통령실은 '특검으로 대통령을 흔들고
탄핵의 불쏘시개처럼 쓰려는 것'이라고 강하게 반발했다
5일 열릴 예정이던 22대국회 개원식은
여야 충돌 속에 무산됐다
우원식 국회의장은 무제한 토론(필리버스터)이 시작한 지
24시간이 지난 오후 5시경
필리버스터 종결 동의안을 직권 상정했다
특검법은 윤 대통령의 거부건 행사로 21대
국회에서 재표결을 거쳐 5월 28일 폐기된 지
37일 만에 통과됐다

검사탄핵 민주당 비판

더불어민주당이 발의한 검사 4명의
탄핵소추안에 대해 검찰 내에서
연일 비판이 나오고 있다
이원석 검찰총장은 7월 4일
"검사 탄핵조치는 피고인들이 법정에서 패색이 짙어지자
법정 밖에서 거짓을 늘어놓으며 길거리싸움을 걸어오고
그마저도 뜻대로 되지 않자
아예 법정을 안방으로 들어 옮겨
자신들의 재판에서 판사·검사·변호인을
모두 도맡겠다고 나선 것"이라고 비판했다
이어 "사법부의 재판권과 행정부의 수사권을 침해하고
삼권분립 원칙에 정면으로 반하는 것"이라며
"상대가 저급하고 비열하게 나오더라도
우리 검찰 구성원은
위법하고 부단한 외압에 절대 굴복하지 말라"며
"국민이 부여한 책무를 다하기 바란다"고 당부했다

영국 노동당 정권교체

영국 총선에서 노동당이
과반 의석을 차지하는 압승을 거뒀다
14년 만의 정권교체와 함께
키어 스타머 노동당 대표가 차기 총리로 취임한다
7월 5일 외신에 따르면
전날 치러진 총선 개표가 대부분 끝난 가운데
노동당이 하원 650석 중 412석으로 집계되었다
리시 수낵 총리(인도계)의 집권보수당은 121석에 그쳐
1834년 창당 이후 최악의 성적으로
참패한 것으로 나타났다
물가 급등과 공공서비스 악화 등으로
보수당에서 돌아선 민심이
2019년 총선 패배 후 노선을 바꿔
'우클릭'한 노동당에 표를 몰아준 것이란 분석이다
수낵 총리는 "패배의 책임을 지겠다"고 밝혔고
스타머 대표는 승리 연설에서
"힘든 시기를 넘기고 새로운 출발을 하겠다"고 말했다

윤 대통령 나토회의 참석

윤석열 대통령이 7월 8~11일
미국 하와이와 워싱턴 DC를 방문해
미국 인도·태평양 사령부를 방문하고
북대서양기구(NATO·나토) 정상회의에 참석한다
나토 정상회의는 3년 연속 참석한다
지난달 대통령실이 북·러 정상회의에 맞서 언급했던
우크라이나 살상 무기 지원 방안이
논의될 가능성도 거론된다

삼성 영업이익 10조 원

다시 반도체의 시간이 돌아왔다
인공지능(AI) 특수로 반도체 수요가 살아나면서
삼성전자는 2분기에만 10조 원대 영업이익을 냈다
영업이익의 10조 원 돌파는 7분기 만으로
지난해 2분기 영업이익의 15배 이상이다
반도체 수출이 급증하면서 5월 경상 수지는
89억2,000만 달러를 기록했다
2021년 9월 95억1,000만 달러 이후 최대 흑자로
반도체를 중심으로 한 수출 강세로
경상수지 흑자는 당분간 계속될 가능성이
높은 것으로 전망하고 있다

김건희 여사 문자메시지

국민의힘 당권주자인 한동훈 후보가
'문자메시지 논란'에 휩싸였다
비상대책위원장을 맡고 있던 지난 1월
김건희 여사로부터 '명품 가방 의혹에
대국민 사과를 하고 싶다'는
문자메시지를 받았으나 묵살했다는 것이다
논란은 7월 4일 라디오방송에서 김 여사의
텔레그램 메시지 전달 사실이 공개되면서 시작됐다
"제 문제로 물의를 일으켜 부담을 드려 송구하다
당에서 필요하다면 대국민 사과를 포함해
어떤 처분도 받아들이겠다
한 위원장 뜻대로 따르겠으니 검토해 달라"는
내용을 보냈지만 한 후보가
읽고도 답하지 않았다는 것이다
이에 "김 여사가 굉장히 모욕을 느꼈고
윤석열 대통령도 격노했다"는 주장도 제기돼
논란이 일고 있다

이란 개혁파 대통령 당선

7월 5일 실시된 이란 대통령 보궐선거
결선투표 결과 온건 개혁파
미수드 페제시키안(70)이 최종 득표율 54.8%로 당선되면서
이란의 앞날에 관심이 쏠리고 있다
비주류 정치인으로
미국 등 서방과의 관계개선을 통한
대이란 경제 제재 완화 및 히잡 단속 완화 등을 공약한
페제시키안의 승리엔
개혁에 대한 이란 국민의 열망이 반영됐다는 분석이다
워싱턴포스트·뉴욕타임스 등 외신은
패케시안의 당선으로
이란과 서방의 대화 가능성이 열리고
경직된 이란 사회분위기가
어느 정도 달라질 수 있다고 전망했다
그러나 이슬람 신정일치 체제인 이란은
대통령의 권한이 제한적인 만큼 의미 있는
변화를 가져오긴 어려울 것이라고 예상했다

진흙탕에 빠진 여당

한동훈 후보의
김건희 여사 문자메시지 무시 논란이 이어지면서
국민의힘 당권경쟁이 진흙탕 싸움으로 변질되고 있다
한동훈 후보자는 자신의 사퇴를 요구하는 연판장을
구태로 규정하며 정면 대응했다
경쟁 후보 측에서는 총선 책임론
'대통령을 흔드는 해당 행위'를 거론하며
한동훈 후보 사퇴를 압박했다
일각에서는 김건희 여사의 당 선거 개입 논란이 커지면서
오히려 문자를 공개한 측에 역풍이 불 것이라는
전망도 나온다

이재명 부부 소환 통보

검찰이 '경기도 법인카드 유용' 의혹과 관련해
이재명 전 더불어민주당 대표 부부에게
소환 조사를 통보했다
이에 대해 민주당은 "검사탄핵소추에 대한
국면전환용"이라며 반발했다
7월 7일 법조계에 따르면
수원지검 공공수사부(부장검사 허훈)는
지난 4일 이 전 대표 측에
업무상 배임 혐의로 출석해 조사받을 것을 통보했다
검찰은 소환 날짜를 특정하지 않고
이 전 대표와 김혜경 씨에게 각각 소환 일자
4~5개씩을 제시한 것으로 전해졌다

새옹지마(塞翁之馬)

중국 북방에 호(胡)라는 오랑캐가 살고 있었다
변방의 한 말이 오랑캐 땅으로 달아나자
이웃 사람들이 위로했다
그러나 늙은이는 그 일을 마음에 두지 않고 태연했다
"이 일이 도리어 복이 될지 누가 압니까?"
몇 달이 지난 어느 날 그 말은 오랑캐의 좋은
말 한 필을 데리고 돌아왔다
마을 사람들이 와서 축하의 말을 하자 노인은
이번에도 기뻐하는 내색 없이 태연하게 이렇게 말했다
"이것이 화로 변하지 않는다고 누가 말할 수 있겠소?"
얼마 후 그 아들이 말타기를 하다가
떨어져 다리가 부러졌다
마을 사람들이 또 위로하러 왔다
그러나 그 노인은 슬퍼하는 기색도 없이 태연하게 말했다
"이것이 행복으로 바뀌지 않는다고 누가 말할 수 있겠는가?"
이로부터 1년이 지나 오랑캐가 쳐들어오자
젊은이들은 모두 전쟁터로 나가야 했다
그 늙은이의 아들은 불구였기 때문에 싸움터로
끌려가지 않아 목숨을 부지하면서 살 수 있었다
'새옹지마(塞翁之馬)'는
'인간만사 새옹지마(人間萬事 塞翁之馬)'라는 말이며
'새옹마(塞翁馬)' 북옹마(北翁馬)라고도 한다

내방역 천지개벽

서울 서초구 서초3동 옛 국군정보사령부 부지에
축구장 13개 규모 '한국판 실리콘벨리' 개발이 본격화한다
사업주체인 디벨로퍼 엠디엠은 연내 공사를 시작해
2028년까지 강남의 새 랜드마크가 될
첨단오피스 타운을 완성하겠다는 목표다
방배5구역 등 인근 재건축사업도 속도를 내면서
노후 주거지와 서리풀공원 등에 막혀
상대적으로 뒤처졌던 방배동 일대가
신흥 업무·주거지로 탈바꿈할 것이라는 기대가 크다
7월 8일 개발업계에 따르면
서초동 1005의 6 일대(옛국군정보사령부 부지) 개발을 위한
합작회사인 에스비씨피에프브이(PFV)는 지난달
국방부로부터 1조1,500억원 규모 토지 매입을 마무리했다
서초구청에서 건축허가도 마쳐 연내 착공이 확실시된다

예상 깬 프랑스 총선

결선 투표까지 치른 프랑스 총선 결과
좌파연합인 신민중전선(NFP)이 1당을 차지했다
유럽 강경 우파 돌풍의 중심이자 1차 투표에서 1위를 한
국민연합(RN)은 3당으로 밀려났다
NFP는 전체 의석 577석 중 182석을 확보하고
집권여당인 중도연합 '앙상블'이 168석을 얻어 뒤를 이었다
총선 결과로 마크롱 대통령으로서는 호랑이는
피했지만 첩첩산중으로 들어간 형국이라는 평가다

중국의 북한 노동자

중국이 최근 북한 당국에
"중국에 파견된 북한 노동자들을 전원 귀국시키라"는
사실상 최후통첩을 한 것으로 알려졌다
10만 명가량으로 추산되는
중국 내 북한 노동자 대부분의
체류허가 기한이 조만간 대거 종료되는데
중국이 이들에 대한 일괄 귀국을 요구하고 나선 것이다
우리 정부는 이를 "매우 이례적인 상황"으로 보고 있다
해외노동자 파견은 북한 외화벌이 핵심이자
'김정은 체제' 유지 기반이다
특히 해외노동자의 90%가량은 중국에 집중돼 있는 만큼
이번 중국의 조치는 러시아와 동맹 수준으로 밀착한
북한에 대해 불쾌감을 노골적으로 드러내는 동시에
북한 정권의 핵심 자금줄을 옥죄어
김정은 정권 길들이기에 나선 것으로 풀이된다

채상병특검법 거부권

윤석열 대통령이 7월 9일 야당 단독으로 국회를 통과한
'순직해병수사방해 및 사건은폐 등의 진상규명을 위한
특별검사의 임명 등에 관한 법률'(채상병특검법)에 대해
거부권을 행사했다
윤 대통령이 국회에 법률안 재의(거부권)를 요구한 것은
이번이 8번째이며 법안 수로는 15건 째다
나토정상회의 참석 등을 위해
미국을 방문 중인 윤 대통령은 하와이에서
전자결재 방식으로 재의요구권을 재가했다

탄핵 청원 청문회 의결

더불어민주당 등 야당이 7월 9일
국회 법제사법위원회 전체회의에서
최근 130만 명의 동의를 얻은
'윤석열 대통령 탄핵 촉구 국민청원' 관련
청문회 개최 여부를 놓고 여야가 정면충돌했다
민주당 소속 정청래 법사위원장은 회의가 시작한
1시간여 만에 국민청원 글의 안건 상정안을 표결에 부쳤다
여당 의원들이 표결을 보이콧하고 회의장을 퇴장한 가운데
이달 19일과 26일 등 두 차례 청문회를 실시하는 건과
김건희 여사와 윤 대통령 장모 최은순 씨 등 39명을
증인으로 부르는 안을 단독 의결했다
국민의힘은 "사실상 탄핵 준비운동" "광기 어린 폭력"
"국가보안법 위반 등 전과 5범인 청원 주도자에 의해
국회가 놀아난 치욕적인
순간으로 역사에 기록될 것이다"라고 반발했다

이재명의 먹사니즘

더불어민주당 이재명 전 대표가 7월 10일
"'먹사니즘'(먹고사는 문제)이 유일한
이데올로기여야 한다"며 당 대표 연임을 위한 출마선언을 했다
그는 '에너지고속도로'(AI 기반 재생에너지 전국 전력망) 등
신성장 동력을 추진하는 한편 'AI 로봇시대'에 대비해
국가가 기본소득 보장의 '기본사회'를 완성하겠다는
성장 모델을 제시했다
이 전 대표는 여권을 비판하기보단 자신의 비전과 철학
민주당의 나아갈 길을 설명하는 데 방점을 찍었다
"대한민국을 바로 세우는 일은 제1당이자
수권정당인 민주당의 책임"이라고 한 그는
지난 대선 때 대표 공약으로 내걸었던
'기본사회'를 재차 거론하며
"소득·주거·의료 등 모든 영역에서
구성원의 삶을 사회가 함께 책임지는
기본사회는 피할 수 없는 미래"라고 역설했다
정부가 추진하는 종합부동산세 개편과 관련해서
"근본적으로 검토할 때가 왔다"고
처음으로 공식 입장을 밝혔다
정치권에서는 이 후보의 출마선언이 사실상
차기 대선 출마선언을 방불케 했다는 평가다

김두관 후보의 견제

더불어민주당 차기 대표 선거에
도전장을 낸 김두관 후보는
7월 10일 경쟁자인 이재명 후보를 본격 견제하고 나섰다
김두관 후보는 "'당 대표도 이재명'
'대선 후보도 이재명'을 공고히 하는 것
자체가 어리석다"며
"민주당의 다양성이 실종됐다"고 지적했다
김 후보는 이날 "당 고정 지지율이 많게는
35% 정도 되는데 우리 지지표만 가지고
대선에서 승리할 수 없지 않나"라며
"합리적인 중도를 많이 확보해야 하는데
그러려면 당내 다른 정파나 다양한 세력들을 포용하고
연대해야 한다"고 강조했다
그러면서 '친명' 일색이라는 지적이 나오는
최고위원 후보자들에 대해서도
"전부 다 이재명 전 대표만 지키겠다고 하니
국민들이 참 어이없어 한다"고 날을 세웠다
김 후보는 지난 총선 과정을 평가하면서도
이 후보를 직격했다
그는 "이 후보의 리더십으로 압승했다는데
동의하지 않는다"며

"윤석열 대통령이 '민주당 선거대책본부장'으로 탁월한 리더십을 발휘해 반사이익으로 이긴 것이지 민주당이 뭘 잘해서 압승했나"라고 비판했다

200년 만의 폭우

"한반도 여름 장마에 영향을 줄 수 있는
기상 변수들이 모두 합쳐져 나타난 결과다"
7월 10일 기상청은 시간당 강수량 기록을
경신하며 200년에 한 번 내릴 만한
기록적 폭우가 전북·충남 지역 등을 강타한
이유를 이같이 설명했다
7월 9일 밤 전북 군산시 어청도에는 시간당
146mm의 기록적인 폭우가 쏟아졌다
10일까지 이어진 폭우로 군산 시내 도로는
상당수가 물에 잠겼고 군산의 한 아파트는
오전 2시 반경 야산에서 쏟아진 토사에 휩쓸렸다
장마전선과 서쪽에서 발생한 저기압 남쪽에서 불어와
고온다습한 하층제트기록까지 모두 결합하며
상승 작용을 일으켰다
'야행성 폭우'를 일으키는 주범으로 꼽히는
하층제트기류까지 가세했다는 것이다

K-9 자주포 1.4조 계약

국내 방산업체 한화에어로스페이스가 생산하는
K-9 자주포가 루마니아로의 수출 계약이 체결되면서
K-9 자주포 수출 국가는 9개국으로 늘어난다
방산수출 컨트롤타워인 방위산업청은
7월 10일 보도자료를 내고
"K-9 자주포의 루마니아 수출 계약이 9일 체결됐다"며
"계약은 한화에어로스페이스와
루마니아 국방부 간 체결된 것으로
K-9 자주포 54문을 비롯해 K-10 탄약운반차 36대
기타 계열차 및 탄약 등이 포함된다"고 했다
총계약금액은 약 1조3,828억 원으로
실제 납품은 2027년부터 시작된다
"이번 계약 체결로 K-9은 한국군을 포함한
전 세계 10개국이 사용하는 베스트셀러 자주포의
입지를 굳혔다"고 했다
K-9 자주포의 전 세계 자주포 수출시장 점유율은
약 60%에 달한다

윤 대통령 인태사 방문

윤석열 대통령은 7월 9일
미국 하와이 인도태평양사령부(인태사)를 찾아
새뮤얼 퍼파로 사령관으로부터 안보 브리핑을 받은 뒤
"인태사는 한미연합방위 태세를 지원하고
한반도 유사시 미 증원 전력의 전개에
중심적 역할을 수행하는 한미동맹의 대들보"라고 밝혔다
윤 대통령은 미 장병 400여 명과 만나선
"한국현직 대통령으로서 29년 만에 인태사를 방문한 것은
엄중한 국제정세와 한반도 안보 상황 속에
철통같은 한미동맹과 우리의 연합방위 태세를
확고히 다지기 위한 것"이라고 강조했다
이날 윤 대통령의 현지 참관에는
폴 러캐머라 주한미군사령관까지 포함해
5명의 4성 장군이 한자리에 모였다
군 인태사 관계자는 "이렇게 많은 별이 한자리에 모이는 건
펜타곤에서나 가능한 일"이라고 했고
대통령실은 "작전센터에 모인 장성들의 별을 합하면
50개에 이를 정도"라고 밝혔다
윤 대통령은 이날 퍼파로 사령관에겐
3년간 태평양함대사령관으로 재직하며
한미연합방위 태세 강화에 기여한 공로로
우리 정부가 수여하는 보국훈장 통일장을 수여했다

제5장

전관예우의 악습

민주당의 검수완박

더불어민주당이 검찰청을 폐지한 뒤
기소권은 공소청으로
수사권은 중수처(중대법죄수사처)로 넘기는 이른바
'검수완박(검찰 수사권 완전박탈)' 법안을
7월 중 당론으로 추진하기로 했다
이재명 전 대표 수사에 참여했던
검사 4명에 대한 탄핵소추안을 두고 역풍 조짐이 일자
검찰 해체에 초점을 맞춘 '입법 드라이브'로
국면 전환을 시도하려는 것으로 풀이된다
민주당은 검찰개혁 테스크포스(TF)는
7월 10일 국회의원회관에서 공청회를 열고
수사기소 완전 분리를 위한 검찰 관련 법안을 당론으로
추진하기로 의견을 모았다
TF에 따르면 법안은 기존 검찰청을 폐지하고
법무부 산하에 공소청을 만들어
기소 권한만 행사할 수 있도록 하는 내용이다
검찰의 수사권은 중수처로 이관된다
민주당이 21대 국회에 이어
또다시 '검수완박' 드라이브에 나선 것을 두고
당이 최근 이재명 전 대표 수사에 관여한
검사 4명에 대한 탄핵소추안을 발의하면서

'방탄 논란이 재점화된 것에 대한 대응책'이라는 분석이다
민주당 원내 핵심 관계자는
'윤석열 대통령 탄핵소추안 관련 청문회'와
'검수완박' 문제를 우선 다룰 것이라고 했다
이에 대해 국민의힘은
"민주당은 차라리 '이재명 보위청'을 만들라"고 반발했다
신동욱 원내수석대변인은 논평에서
"11개의 개인 비위로 4개의 재판을 받고 있는
당 대표 한 사람을 지키겠다고
한 나라의 사법 체계마저 송두리째 파괴시키는
민주당은 도대체 어느 나라 정당이냐"고 비판했다

한국 저출생 월드챔피언

경제협력개발기구(OECD)가
한국을 저출생의 '월드챔피언'이라고 표현하며
인구 절벽문제에 대한 경고장을 썼다
"한국의 출산율 하락으로 60년 뒤 인구는 반토막으로 줄고
65세 이상 고령자 비율은
전체 인구의 58%를 차자할 것"이라는
어두운 전망과 함께다
OECD는 7월 11일 발간한
'2024년 한국경제보고서'에서
"한국의 출산율은 세계 최저 수준으로 하락했다"며
"60년 뒤 인구가 절반으로 줄고 노년부양비가 급증해
노동력 공급과 공공재정에
상당한 부담을 줄 것"이라고 언급했다
빈센트 코엔 OECD 국가분석실장은
"한국 여성의 합계출산율은 0.72명으로
전 세계에서 가장 낮다"며
"'월드챔피언'이지 말아야 할 부분에서
'월드챔피언'이 됐다"고 말했다

전관예우의 악습

번외자(番外者)의 생각으로는
뿌리 깊은 법조계 악성카르텔 척결로부터
개혁하는 것이 순서라고 생각한다
법조계의 악습으로 이어져 오는
전관예우(前官禮遇) 민변예우(民辯禮遇)라는 게 있는데
이는 헌법 제103조로부터 파생되어 나온다

헌법 제103조(법관의 독립)
법관은 헌법과 법률에 의하여
그 양심에 따라 독립하여 심판한다

이 26자에 불과한 103조지만 그 위력은 엄청나
법관 3,800여 명과 변호사 3만여 명이
이 헌법 103조에 매달려 생활하고 있다
이는 현재 진행 중인 재판에 관하여 누구도
재판에 개입하거나 간섭할 수 없다고 해석하는 게
법조계의 현실로 고착돼 있다
그러나 양심의 기준은 측정이 어려울 뿐 아니라
김시철 같은 법관이 망나니의 칼춤을 추어도
이를 저지하는 장치가 없다는 게 문제다
아니 망나니 칼춤은

법조계에 활력(홍행)으로 작용하는 것은 아닌지
의심할 정도로 뿌리가 깊다
그 피해는 그대로 국민에게 돌아가고 있다
우리 사회는 이렇게 멍들어가고 있는데
인구 절벽으로 국가소멸 위기를 염려하는 이때
법조계의 비리 운운하는 자체가 우스꽝스럽다
특하나 우라나라의 최고 엘리트집단이라고 하는 법조인들이
비생산적(非生産的)이고 약탈적(掠奪的)인 행태에 매몰되어
국민들을 괴롭히고 있다는 생각에 이르면
무엇으로도 설명이 되지 않는다

자유·평등·정의

대법원 건물에 쓰여있는 '자유·평등·정의'의
글자가 눈에 들어온다
과연 그럴까?
대부분의 표어(標語)는 반대의 의미를 내포하고 있는데
대표적인 게 '출입금지' 표시다
많은 사람들이 출입하기 때문에
경고의 표시로 출입하지 말라고 한 것이다
'자유·평등·정의'도 반대로 해석할 수 있지 않을까?
법관들에게는 너무나 많은 혜택을 주고 있다
판·검사도 할 수 있고 정년퇴직하고 나와서
변호사도 개업할 수 있다
공무원이나 일반직장인들은 정년퇴직 후에
직업이 제한돼 있지만
특권을 부여받은 법관들은 자유자재로 움직일 수가 있다
우리 사회에는 허가받은 도둑이란 말이 있다
이는 법관들을 두고 하는 말이다
이 과정에서 발생하는 엄청난 비리가
법조계의 악성카르텔을 형성하면서 사회에 독성을 뿌려
온 사회가 부패에 찌들어가고 있다
이는 국민생활에 직접적으로 영향을 미치는 것이어서
국가적인 대책이 필요하다

'자유 · 평등 · 정의'를 팔아 국민을 약탈하는
법조계의 빈부 격차는 우려할 만하다
한쪽에선 배가 터지고 또 다른 한쪽에서는
끼니 걱정을 해야 한다고 들었다
소송인들을 대하는 태도도 적대적이다
판 · 검사 출신은 정년 후에 대형 로펌에 들어가
고문료만으로도 부를 축적하고 있다
공직에서 평생 받은 급료보다 많은 금액을
단시일 내에 챙길 수가 있는 금액이다
이를 본 순수(초년) 변호사들의 심성이 곱기를 바라는 건
염치없는 일일 수밖에 없을 것이다

변호사 수임료 문제

변호사의 수임료는 고무줄이다
명성에 따라 부르는 게 값인 것 같다
소송인들의 약자 심리를 이용한 특급 갑질로
악질적인 약탈행위에 버금가는 변호사
수임료라는 말 외에 적당한 말이 생각나지 않는다
엘리트 집단의 위신을 생각해서
보수체계를 합리화해야 할 것이다
특히 성공보수가 그렇다
성공하면 계약금액의 몇 2, 3배는 보통이고
그 외에 성공금액의 10%까지를 요구할 수 있다고 한다
반대로 패배할 경우는 말이 없다
최고 엘리트집단이 어려움에 처한 국민의 약점을 이용해
고혈을 빠는 드라큘라와 같다는 말이 어울릴 정도다

한반도 미핵자산 상시배치

미국의 핵전력이 북핵 억제·대응을 위해
전시는 물론 평시에도 한반도 임무에 배정된다
윤석열 대통령과 조 바이든 미 대통령은
2024년 7월 11일 NAT 정상회의 기간에 열린
한미 정상회담에서 이러한 내용이 담긴
한반도 핵억제 핵작전 지침에 관한
공동성명을 채택했다
한미 정상은 공동성명에서
"북한의 한국에 대한 어떠한 공격도
즉각적·압도적·결정적 대응에
직면할 것임을 재확인했다"고 밝혔다
바이든 대통령은 한국에 대한 미국의 핵우산 공약이
핵을 포함한 미국의 모든 역량에 의해
뒷받침된다고 거듭 강조했다
윤석열 대통령은 "한국의 모든 역량이 한미동맹의
연합 방위태세에 크게 기여할 것"이라고 했다

김성태 징역 2년 6개월

이재명 전 더불어민주당 대표가 경기지사 시절
'방북 사례금' 등 명목으로 800만 달러를 대납한 혐의로
기소된 김성태 전 쌍방울그룹 회장에게
징역 2년 6개월의 실형이 선고됐다
대북송금 관련 사건에서
이화영 전 경기도 평화부지사에 이어
두 번째 유죄 선고가 나왔다
수원지법 형사11부(부장 신진우)는 7월 12일
외국환거래법 위반·남북교류협력법 위반·뇌물 공여 등
혐의로 김 회장에게 징여 2년 6개월을 선고하고
또 정치자금법 위반 혐의에 대해
징역 1년에 집행유예 2년을 선고했다

바이든 또 말실수

조 바이든 미국 대통령이 7월 11일
한국-북한을 헷갈리고
해리스 부통령을 트럼프 부통령으로
볼로디미르 젤렌스키 우크라이나 대통령을
블라디미르 푸틴 러시아 대통령으로 불렀다
인지능력 저하 우려로
대선후보 사퇴 요구를 받고 있는 상황에서
건강에 대한 의심을 키우는 말실수를 반복한 것이다
바이든 대통령은 나토 정상회의와 기자회견을 통해
대통령직을 수행하는데 문제가 없다는 점을
강조하려 했지만 우려를 불식시키기에는
한계가 있었다는 평가가 나온다
하지만 바이든 대통령은
"내가 대통령으로 출마하기에 최적임자"라며
사퇴할 뜻이 없음을 분명히 했다

대통령 탄핵청원 공방

국회 법제사법위원회 소속 여야 의원들이
7월 12일 '윤 대통령 탄핵 청원 청문회'를 둘러싸고
장외 공방전을 벌였다
법사위 소속 야당 의원들은
"'윤석열 탄핵청문회' 증인으로 채택된 대통령실 7명이
고의로 출석 요구서 수령을 회피하고 있다"며
서울 용산 대통령실을 항의 방문했다
법사위 소속 여당 의원들은 헌법재판소를 찾아가
"탄핵 청문회 자체가 무효"라며
권한쟁의 심판을 청구했다
국민의힘은 민주당의 대통령실 항의 방문을
'스토킹에 가까운 갑질'이라고 비판했다

거산(擧散)하는 법조계

법조계 비리의 온상에서 뿜어 나오는
국가권력이 넘쳐흘러 사회 곳곳을 점령하더니
이제는 사방에서 아우성 소리가 들린다
국민의힘은 7·23 전당대회를 앞두고
한동훈·원희룡 법조인끼리 진흙탕 싸움을 벌이다가
당으로부터 경고를 받았다
더불어민주당 8·18 전당대회를 앞에 두고
'어대명'으로 법조인 이재명 후보는 민주당의
아버지 칭호를 받고 회심의 미소를 짓고 있다
여기에 질세라 경쟁자 김두관 후보는
양산으로 내려가 민변출신 문재인 전 대통령
노무현 전 대통령 묘소엘 갔다
'길 잃은 법조계'가 거산(擧散)을 하고 있는 모양새다

트럼프 총격 테러

미국 공화당 대선 후보 트럼프 전 대통령이
7월 18일 총격을 받았다
오른쪽 귀 윗부분에 총상을 입은 트럼프는 긴급 대피했고
생명에는 지장이 없는 것으로 밝혀졌지만
암살용의자를 포함해 2명이 숨지고
2명이 중태에 빠졌다
전직 대통령이자 유력 대선후보에 대한 암살시도로
114일 앞으로 다가온 미대선이
다시 한 번 격랑에 휩싸일 것으로 보인다
트럼프 전 대통령은 이날
펜실베이니아주 피츠버그 인근 소도시 버틀러에서
15일부터 열리는 공화당 전당대회 전 마지막 유세를 가졌다
미 위스콘신주 밀워키에서 열리는 공화당 전당대회에서의
대선 후보 공식 지명을 앞두고
'출정식' 성격을 지닌 자리였다
하지만 유세는 트럼프 전 대통령이
무대에 오른 지 10여 분 만에 총격과 함께 중단됐고
트럼프의 귀와 얼굴에는 출혈로 보이는
핏자국이 선명했다
트럼프는 자신을 둘러싼 경호원들 사이로
"싸우자(Fight)"를 외치며 주먹을 불끈 쥐었고

지지자들은 미국(USA)을 연호했다
트럼프 전 대통령 암살시도 용의자는
펜실베이니아주 출신의 공화당 등록을 한 21세
백인 남성 토머스 매슈 크룩스인 것으로 들어났다
크룩스는 현장에서 사살됐고 주변에서
반자동 돌격소총인 AR-15 계열의 총기가 발견됐다
미 연방수사국(FBI) 등은 이번 사건을
"전직 대통령에 대한 암살 시도"로 규정하고
범행동기 등을 수사 중이다

대세론 탄 트럼프

미국 공화당 전당대회 개최를 하루 앞둔
7월 14일 위스콘신주 밀워키는
도널드 트럼프 전 대통령을 기다리는
지지자들로 가득 찼다
이들에게 트럼프와 전날 발생한
암살 미수 사건에 대해 묻자
"총을 맞고도 일어난 남자다"
"선거는 이미 끝났다"는 답이 돌아왔다
공화당 지지자들은 이번 사건을
트럼프의 대선 승리를 예감하게 하는
강력한 신호로 여기고 있다
살인범이 쏜 총알에 부상을 입고도
성조기를 배경으로 주먹을 불끈 쥔
사진 한 장이 만들어낸 결과다
상승세를 타고 통합을 외치는 트럼프에게
등을 돌렸던 경쟁 후보와 재계 거물들이
지지의사를 밝히고 있다

사람·돈 다 떠나는 한국

한국은 기업 수출대국이다
미국 제조 기업의 복귀를 지원하는
'리쇼어링 이니셔티브'는 2023년 연례보고서에서
한국을 이렇게 진단했다
지난해 미국에 새로 생긴 일자리 287,299개 중
14%가 한국에서 나왔다고 분석하면서다
한국의 미국 일자리 기여도는 세계 1위다
반면에 한국은 비어가고 있다
제조업들이 원가 절감을 위해 반도체·베터리 등
첨단기술 기업들이 정책 보조금 많은
미국·유럽으로 나가면서다

108석 여당 분열

108석의 소수 집권 여당이 적대적으로 분열하고 있다
7·23 전당대회 선거전이 육탄전 양상으로 과열되면서
친윤계와 친한계 간 갈등의 골이 노출됐다
그 균열의 틈새로 절대 과반 의석의
거야(巨野) 더불어민주당이 눈을 부릅뜨고 노려보고 있다
목표는 이탈표 8표로 대통령의 법률안 거부권을
무력화할 수 있는 의회 독주의 마지막 퍼즐이다
친윤 일색이던 여당 내 균열은
7·23 전당대회를 앞두고 한동훈 당 대표 후보가
'수평적 당정관계'를 전면에 내걸고 등판해
시작됐다는 분석이다

트럼프 미공화 대선후보

도널드 트럼프 전 미국 대통령이
7월 15일 위스콘신주 밀워키에서 개막한
공화당 전당대회에 총격으로 다친 오른쪽 귀에
붕대를 착용한 채 참석했다
트럼프 후보를 향해 공화당 대의원과 지지자들은
13일 사건현장 펜실베니아주 사건현장에서
울려퍼졌던 구호를 외쳤다
"화이트(fight) 유에스에이(USA)!"

전당대회 개막 직전 공화당 부통령 후보로 지명된
JD 벤스 오하이오주 상원의원(39)이
트럼프 후보의 옆자리를 지켰다
JD 벤스라는 이름은 풀네임 '제이비스 데이비드 벤스'에서
앞 글자를 딴 것이다
흙수저 출신의 벤스 상원의원은 고난과 역경을 딛고
성공스토리를 써내려 온 입지전적 인물로 평가된다
오하이오 서남부 소도시 미들타운의
가난한 백인가정에서 태어난 그는
부모가 이혼한 뒤 할머니 손에 자랐다
해병대 복무시절 이라크 파병을 포함해
5년간 사병으로 복무한 뒤

오하이오주립대학・예일대 로스쿨 과정을 마쳤다
이후 변호사・벤처캐피털리스트로 자수성가한
그는 자신의 이야기를 담은 회고록 『하빌리의 노래』로
전국적인 명성을 얻었다
드라마틱한 인생 스토리만큼이나
트럼프와의 관계도 극적이다
벤스는 2016년 트럼프가 처음 대선에 출마했을 때만 해도
공화당 내 강경파 비판자 중 하나였다
트럼프를 '미국의 히틀러'에 비유한 적도 있었다
그러나 2020년 대선 때 트럼프를 향해
"생애 최고의 대통령"이라고 주장하면서
'트럼프 카드'로 180도 변모했다
그 뒤 트럼프의 지원을 받아
2022년 오하이오주 상원의원에 당선됐다
벤스가 부통령으로 낙점된 배경에는
벤스 의원과 가까운 트럼프 전 대통령의 장남
도널드 트럼프 주니어의 설득이 있었다

봉선화 연정 현철 별세

트로트 가수 현철(82·강상수)이 7월 15일 별세했다
경추디스크를 다쳐 수술받은 후
인지 지능까지 저하돼 요양을 해 온 그는
서울 광진구 한 병원에서 숨을 거뒀다
아내 송애경 씨는 "본인이 가장 아끼는 노래
'내 마음 별과 같이'를 아들이 귀에 가까이 들려드렸고
노래를 들으며 편안히 가셨다"고 밝혔다
고인은 끈기 있는 사나이로 불렸다
1988년 봄 '봉선화 연정' 히트 전까지 20년의
긴 무명 시절을 보냈다
이후 송대관·태진아·설운도와 함께
'트로트 4대 천왕'으로 불리며 침체됐던 트로트
시장에 활기를 불어넣었다
진하고 구수한 부산 사투리로 입담을 자랑하는 모습은
그의 노래 못지않게 사람들의 뇌리에 각인돼 있다
가수 데뷔는 1969년 27세 때 발표한 '무정한 그대'는
가요계를 양분했던 남진과 나훈아의
인기에 가려 주목받지 못하다가
1982년 '앉으나 서나 당신생각'이 히트했지만
얼굴 없는 가수였다
이후 '사랑은 나비인가봐' '청춘을 돌려다오'

'봉선화 연정'으로 1989년에 KBS 가요대상을 받았고
1990년에도 '싫다 싫어'로 2년 연속 대상을
수상하며 전성기를 누렸다
2002년 대한민국 연예예술상 특별공로상
대통령상을 수상했으며
2006년에는 옥관훈장을 받았다

24조 원 체코 원전사업

한국수력원자력이 7월 17일 프랑스를 누르고
체코 신규 원자력발전 건설사업
우선협상대상자로 선정됐다
한국이 대규모 원전 사업 수주에 다가간 건
2009년 아랍에미리트(UAE) 바라카 원전 수주 이후
15년 만이다
체코 정부는 각료회의를 열어 체코 두코바니와
테믈린 부지에 대형 원전을 최대 4기 건설하는 사업의
우선협상 대상자로 한수원을 결정했다고
로이터·AFP통신 등 외신이 일제히 보도했다
윤석열 대통령은 이와 같은 결정 뒤
"'팀코리아'가 돼 함께 뛰어주신 우리 기업인과
원전 분야 종사자와 정부 관계자
그리고 한마음으로 응원해주신 국민께
깊이 감사드린다"고 말했다

코너에 몰린 바이든

6월 27일 TV토론 참패 뒤
미국 민주당 대선후보 사퇴 요구를 받고 있는
조 바이든 대통령에게 당내 고위급 인사들이
사퇴를 권유하고 있다
사퇴 압박이 고조되고 있는 가운데
바이든 대통령은 7월 17일 신종코로나
바이러스 감염증(코로나19)에 감염돼
주요 일정을 취소했다
인지력 저하 논란이 신체 건강에 대한
우려로 번질 수 있을 것으로 보인다
바이든 대통령은 여전히 "사퇴는 없다"는 입장이지만
일각에서는 사퇴에 좀 더 수용적인 모습을 보이고 있다는
분석도 나온다
바이든 대통령은 코로나19 치료를 위해
당분간 델라웨어 자택에 머물 계획이다

대법원 동성부부 첫 인정

대법원이 동성 배우자의 건강보험 피부양자
자격을 인정했다
성적 지향만을 이유로 사실혼 관계를 맺은
동성 동반자를 피부양자인 배우자로 인정하지 않은
국민건강보험공단 처분은 위법하다고 판단했다
이 판결은 국내에서 동성부부의 사회보장 권리를
법적으로 처음 인정한 사례로 기록된다
대법원전원합의체(주심 김선수 대법관)는
7월 18일 소종욱 씨가 국민건강보험공단을 상대로 낸
보험료 부과 처분 취소 소송에서
다수 의견으로 상고를 기각하고
원고 승소 판결한 원심을 확정했다

소 씨와 배우자 김용민 씨는
2019년 결혼식을 올리고 부부가 됐다
소 씨는 2020년 건강보험 직장가입자인
김 씨의 피부양자로 등록했다
이 사실이 언론에 보도되자
공단은 8개월 만에 소 씨의 피부양자 자격을 취소하고
소 씨에게 지역가입자 건강보험료를 청구했다
'피부양자 인정 요건을 충족하지 않는다'는 이유를 댔다

소씨는 서울행정법원에 소송을 제기했다
서울행정법원의 1심은 원고(보험공단) 패소로 판결했고
고등법원 2심은 이를 뒤집었다
그러나 대법원도 원심(1심)과 같았다
대법원은 "공단이 동성 동반자인 원고를
피부양자로 인정하지 않고 이 사건 처분을 한 것은
합리적 이유 없이 원고에게 불이익을 줘
그를 사실상 혼인관계에 있는 사람과 차별하는 것으로
헌법상 평등원칙을 위반해 위법하다"고 판단했다

7월 18일 수도권·충청·강원 지역을 중심으로 내린
집중호우로 도로는 물론이고 주택과 차량이 물폭탄에
침수피해가 발생하는 등 천지개벽 같은 분위기 속에서
이러다가 '애완견도 가족증명서에 등재되는 것은 아닌지?'
하는 생각이 들었다

트럼프 대선 수락 연설

"미국을 위대하게!
(Make America Great Again-MAGA)!"
도널드 트럼프 미국 공화당 대선 후보가
7월 18일 대선후보 지명을 공식 수락하며
2016년, 2020년에 이은 세 번째 대선 도전에 나섰다
트럼프 전 대통령은 대내적으로는 통합을
대외적으로는 미국 우선주의를 강조하며
'트럼프 20' 비전을 제시했다
그는 "한국·대만·필리핀 등에서
무력 충돌의 망령이 커지고 있다"며
우크라이나 전쟁을 포함해 바이든 행정부가 야기한
모든 국제 위기를 끝내겠다고 주장했다
특히 프럼프는 북한 김정은 위원장과의
정상외교 재개 의지를 밝혔다
그는 "많은 핵무기를 가진 이와 잘 지내는 것은 좋다"며
"백악관에 돌아갈 때 그와 다시 잘 지낼 것"이라고 말했다

"아버지가 얼굴에 묻은 피를 닦고
주먹을 공중에 들어 올린 순간은
가장 용기 있는 행동으로 기억될 것이다
아버지 곁에 있는 것이 자랑스럽다"

찬조연설자로 나선 트럼프 후보의 차남
에릭(40)의 일성이다
이날 대회장에는 트럼프 후보의 부인 멜라니아 여사
장녀 이방카 그의 남편 재러드 큐수너와 손주 등
대가족이 참석해 눈길을 끌었다

대통령 탄핵 청문회

여야는 7월 19일 열린 국회 법제사법위원회의
'윤석열 대통령 탄핵소추안 즉각 발의 요청에
관한 청원 청문회'에서 정면충돌했다
회의장 진입을 막으려는 국민의힘 의원과
회의장에 들어가려는 야당 의원들이
몸싸움을 벌인 데 이어
회의 내내 서로를 향한 고성·반말·삿대질을 벌이는
험악한 신경전이 이어졌다
이날 청문회의 증인 및 참고인으로 채택된
26명 중 9명이 불출석했다
신원식 국방부장관·조태용 국가안보실장
김계환 해병대사령 등 6명은 불출석 사유서를 제출했다
김용현 대통령경호처장과 강의구 대통령실
부속실장 박종현 공직기강 비서실 행정관 등
대통령실 소속은 별도 불출석 사유서 없이 불참했다

김건희 여사 검찰조사

윤석열 대통령의 부인 김건희 여사가
7월 20일 도이치모터스 주가조작 및
명품백 수수 의혹과 관련해 12시간가량 검찰의
소환조사를 받았다
검찰은 김 여사를 종로구 창성동에 소재한
대통령경호처 부속청사에서 비공개 조사하고
하루 뒤인 21일 공개했다
현직 대통령의 배우자가 개인 비리혐의로
수사기관에 소환돼 조사를 받은 건 헌정사상 처음이다
이원석 검찰총장은 조사일정과 장소 등을
모르고 있다가 조사가 끝날 즈음에야
수사팀으로부터 뒤늦게 보고를 받았다
검찰조직 수장이 현직 대통령 부인의
첫 대면조사를 보고도 못받고 '패싱'당했다는
지적이 나오는 가운데 이원석 총장은 21일 주변에
"법위에 한 사람이라도 있으면
민주공화국이 무너지는 것이다"라고 말하며
이번 조사를 비판한 것으로 알려졌다

제6장
허가받은 도둑 집단

심리불속행기각

심리불속행이란 대법원이 고등법원 판결이
법을 위반했다고 주장하며 제기된 소송에
이유가 없다고 판단하면 추가로 재판을 열지
않고 기각하는 제도다

2023년 10월 8일 국회 법제사법위원회 소속
장동혁 국민의힘 의원이 대법원에서 받은 자료에 따르면
2023년 1~6월까지 민사 본안사건 6,257건 중
4,442건(71%)을 심리불속행기각 판결했다
이는 대법원의 대국민 약탈행위에
해당하는 것으로 볼 수도 있다
소화할 능력이 없다면 상고를 받지 않아야 한다
그러나 이를 접수함으로써 소송인들은
인지세
4,442건 x 3,000,000원 = 13,326,000,000원
변론비
4,442건 x 22,000,000원 = 97,724,000,000원
합계 111,050,000,000원을
약탈당한 셈이 된다
이는 1년 기준으로 2,221억 원이다

국민들은 재판다운 재판도 받아보지 못하고
국가로부터 약탈당하고도 이에 억울함도 호소하지
못하고 있다는 사실을 대법원은 알아야 한다

불공정한 재판

2024년 1월 26일 직권남용 혐의로 기소된
양승태 전 대법원장에게 무죄를 선고했다
서울중앙지방법원
형사합의 35-1부(부장판사 이종민 · 임정택 · 민소영)은
양승태 대법원장과 함께 기소된
박병대 · 고영환 · 전 대법관에게도 무죄가 선고됐다
특히 양승태 전 대법원장은
각종 재판개입 · 불랙리스트 작성
헌법재판소 견제 · 비자금 조성 등
모두 47개 범죄혐의로 재판에 넘겨졌는데
1심재판부는 모두 죄가 되지 않는다고 판단했다
검찰이 2019년 2월 11일 서울중앙지법에 고소장을
접수하며 시작된 양 전 대법원장 등에 대한 재판은
1심결과가 나오는 데만 무려 5년이 걸렸다
법원 건물에 써 붙인 '자유 · 평등 · 정의'는 뭔가?

땅에 떨어진 법원의 권위

최태원 SK그룹 회장과 노소영 아트센트 나비 관장 부부의
'세기의 이혼' 소송 1심과 2심이
180도 다른 결과가 나오면서 1심을 맡았던
'판사의 행보가 다시금 눈길을 끈다
2022년 12월 6일 1심에서 최 회장에게
2심의 10분의 1인 위자료 1억 원
재산분할 665억 원을 내도록 판결한 김현정 재판장은
이듬해 초 사표를 내고 로펌으로 이직했다
그러자 전주혜 국민의힘 의원은
2023년 2월 15일 "(김 판사가) 대형 로펌에 간 건
굉장히 오해의 소지가 있다
SK가 이 로펌에 사건을 의뢰한다면
1심판결 보은으로 보일 수 있다"고
국회 법사위 출석한 김상환 법원행정처장에게 따졌다
김 처장은 "전적으로 동감한다"고 했다
법원 최고위 관계자가 의원의 추궁에
'전적으로 동감' 한 건 이례적이다
사법부 스스로도 김현정 판사 처신에
문제가 있다고 본 것이기 때문이다
우연인지 김 판사가 이적한 로펌의 2023년
매출이 1,000억 원 선에 달했다고 한다
　　　　　　　* 중앙일보 오피니언 강찬호의 시선 참조

바이든 대선후보 사퇴

2024년 7월 21일
조 바이든 미국 대통령이
오는 11월 대통령 선거를 불과 3개월 앞두고
대선 후보직에서 전격 사퇴했다
지난 6월 도널드 트럼프 전 대통령과의
대선 TV토론을 계기로 불거진
'고령 리스크' 논란에 결국 무릎을 꿇었다
차기 대선 후보로
카멀라 해리스 부통령을 전폭 지지하고 나서면서
사상 처음으로 미국 대선에서
'흑인 여성' 대 '백인 남성' 대결로 구도가
펼쳐질 가능성이 커졌다
당내 경선에서 승리한 현직 대통령이
대선후보에서 사퇴한 사례는 미국 역사상 처음 있는 일이다
월스트리트 저널은 "미국 역사상 가장
기념비적인 정치적 붕괴 중 하나"라고 평가했다

해리스에 돈 몰린다

1일 기준 기부금 역대 최대…
조 바이든 미국 대통령이 대선 후보에서 사퇴하자
민주당에 그동안 말라가던
선거 후원금이 몰려들기 시작했다
7월 21일 미 NBC 방송은 "이날 오후 9시까지
민주당 후원 사이트 액트블루를 통해
소액 기부자들이 낸 후원금이
4,670만 달러(약 648억 원)에 달했다"고 보도했다
하루 기준 액트블루 최다 모금액이다

해리스는 1964년 캘리포니아주 오클랜드에서
자메이카 출신 아버지와
인도 이민자 어머니 사이에서 태어났다
1989년 캘리포니아대 헤이스팅스로스쿨을 졸업하고
이듬해 캘리포니아주 변호사 자격을 취득했다
검사 이력은 오클랜드 알라메다카운티 검찰청에서
지방검사보로 일하며 시작했다
해리스는 자서전 등을 통해 검사가 된 이유를
"소수자에게 불리한 형사 사법 시스템을 바꾸기 위해
내부에서 일하고 싶었다"고 설명했다

해리스는 2003년 샌프란시스코주 검사장 선거에 출마해
현직 검사장 테렌스 할리난과 맞붙어 승리했다
2011년에는 캘리포니아주 법무장관 선거에
출마해 당선됐다
2016년 중앙 정치로 진출해 캘리포니아 연방
상원의원에 당선됐다
버락 오바마 대통령과 조 바이든 부통령의
전폭적인 지원을 받았다
의회에 진출한 해리스는 검사 스타일의
날카로운 질문으로 단숨에 스타반열에 올랐다
2018년 도널드 트럼프 대통령이 임명한
브렛 캐버노 연방대법관 후보 청문회에서
낙태권과 관련해 "남성의 몸에 관한 결정을
정부가 대신 내리는 법안이 하나라도 있느냐"고
몰아세웠고 캐노버 후보는
"지금 당장은 생각이 안 난다"며 당황하는 모습을 보였다
이듬해 해리스는 기세를 몰아 2020년 대선 출마를 선언했다
1차 토론에서 바이든 후보가 인종차별적 정책에 찬성했다는
사실을 공격하며 기세를 올렸으나 이를 이어가지 못했다
2019년 12월 출마를 포기했고 8개월 뒤
해리스는 바이든 후보의
러닝메이트로 지목되며 기사회생했다

아침이슬 김민기

'아침이슬'을 만든 가수이자 소극장 학전을
이끌어온 김민기 대표(73)가 위암 투병 끝에 별세했다
그가 1970년대 작곡한 '아침이슬'은
민주화운동 현장에서 널리 불리며 시대의 상징이 됐다
음악가로서 고인의 삶은 외압에 맞선 저항의 역사였다
1970년 가수 양희은을 만나면서 시대를 바꾼 노래
'아침이슬'이 탄생한다
1971년 발매한 그의 앨범에도 수록한 '아침이슬'은
아름다운 노랫말로 '건전가요 서울시문화상'을 받았지만
1975년 금지곡으로 묶였다
'꽃피우는 아이' '늙은 군인의 노래' '상록수' 등
고인이 쓴 노래 대부분은 '운동권 가요'로 불리며
금지곡으로 지정됐다가
1987년 6·10민주항쟁 이후 해금됐다
금지곡 시절엔 불온한 노래를 만들었다는 이유로
경찰·검찰·보안사·안기부 등에 연행돼
숱한 고초를 겪었다
7월 22일 고인의 별세소식이 전해지자
각계의 추모 메시지가 잇따랐다
윤석열 대통령은 페이스북에
"동숭동 학림다방에서 선생님을 만난 적이 있다

그 열정이 마음에 울림을 주었다"고 회고하며
"역사는 선생님을 예술과 세상에 대한
무한한 애정을 지닌 영원한 청년으로
기억할 것"이라고 적었다

한동훈 여당대표 당선

국민의힘 7·23전당대회에서 한동훈 후보가
62.84% 지지율로 과반 득표에 성공했다
원희룡 18.85%
나경원 14.58%
윤상현 3.73%
한동훈 대표는 수락연설에서 전당대회 내내
지속된 네거티브 공방을 의식한 듯 화합을 강조했다
그는 "2007년 대선후보 경선에서 패했던
박근혜 전 대통령이 '경선 과정의 모든 일을 잊자
하루아침에 잊을 수 없다면
몇 날 며칠이 걸려서라도 잊자'고 말씀하셨다"며
"그 한마디가 치열했던 경선 과정의 균열을 메우고
상처를 봉합하는 한마디가 됐다"고 말했다
경선 내내 혁신과 미래를 강조해 온
한동훈 신임대표는 이날도 '변화'에 방점을 찍었다

이날 최고위원 선거에서는 친한계와 비한계가
2대3 구도를 형성했다
장동혁 최고위원과 진종오 청년최고위원은
친한계로 김재원·인요한·김민전 최고위원은
비한계로 분류된다

이날 전당대회에 참석한 윤석열 대통령은 축사에서
"우리는 한배를 탄 운명공동체이고 우리는 하나"라며
"극단적인 여소야대 상황을 이겨내고
이 나라를 다시 도약시키려면
무엇보다 단결된 힘이 필요하다"고 말했다

카카오 창업자 김범수 구속

서울남부지법은 7월 23일
SM엔터테인먼트(SM) 시세 조종 혐의를 받는
김 위원장에 대해 "증거인멸할 염려가 있고
도망갈 염려가 있다"며 영장을 발부했다
대기업 총수에 대해 도주 우려를 이유로
검찰 수사단계에서 구속한 것은 매우 이례적이라는
법조계 평가가 나왔다
자본시장법 위반 혐의로 구속된 김범수 카카오 창업자는
한국 벤처 신화의 상징이다
한때 150개에 달하는 계열사를 거느렸지만
문어발식 경영으로 회사 덩치만 키웠을 뿐
질적 성장에 대한 고민이 적었다는 평가도 받는다
김 위원장은 1986년 서울대 산업공학과에 입학한 뒤
1992년 삼성SDS에 입사했다
1998년 '한게임'을 창업했고
2000년 네이버컴(현 네이버)과 합병했다
사명을 NHN으로 바꿨고 삼성SDS 입사 동기인
이해진 네이버 창업자와 함께 회사를 이끌었다

김 위원장은 미국에서 아이폰을 접한 뒤
새로운 모바일 시대가 열릴 것을 직감하고

2010년 한국에 들어와 카카오톡을 만들었다
2014년 국내 포털 업체 다음
2016년 국내 최대 음악 서비스 멜론과
인수합병에 성공하며 덩치를 키웠고
계열사가 크게 늘어났지만
확장 일변도식 성장을 이뤄가는 과정에서
사회적 논란을 일으키기도 했다

김명수 전 대법원장 소환

7월 24일 검찰이 '양승태 대법원' 사법농단에 연루된
임성근 전 부장판사의 사표 수리를 반려하고
거짓 해명한 혐의로 고발된 김명수 전 대법원장에게
소환소사를 통보했다
국민의힘과 보수성향의 시민단체에 의해
김 전 대법원장을
직권남용·허위문서작성·행사 등 혐의로
검찰에 고발된 사건이다

여당 삼겹살 만찬

7월 24일 윤석열 대통령은 전당대회 하루 만에
한동훈 대표 등 새 지도부와
나경원·원희룡·윤상현 후보 등 당 대표
선거 낙선자들을 대통령실에 초청해 만찬을 했다
국민의힘 당원들과 압도적 지지로
여당 새 수장에 선출된 한동훈 대표는
"당심은 변화를 요구했다 무서운 선택"이라며
"대통령과 이견이 생기면 토론하겠다"고 밝혔다
한 대표는 "더불어민주당보다
먼저 변할 것"이라고 강조했다
윤 대통령은 "선거 다 잊고
한동훈 꽉꽉 밀어달라"고 했다

반려견 유치원비

"반려견 유치원비보다 대학등록금이 싸다"
이런 말이 있었는데 사실이었다
한국사립대학총장협의회 조사 결과 지난해
4년제 사립대학의 연간 등록금은 평균 732만 원이고
월평균 61만 원이다
헌데 반려견을 위탁업체에 맡기는 비용이
월 60만~90만 원이어서
대학 등록금과 비슷하거나 더 비쌌다
등록금은 영유치원 월 174만 원
사립초 월 76만 원
사립국제중 월 106만 원
자사고 월 75만 원
고교생 사교육비 월 74만 원 등에 드는
비용보다 쌌다
속담에 개 팔자가 상팔자라는 말이 있다
길거리 유모차에 탄 반려견은 흔한 일이다

파리올림픽 테러 공포

2024년 파리올림픽 개회식 당일인
7월 26일 새벽 파리와 북·서·동부를 연결하는
고속철도 노선 3곳에서 방화로 추정되는
화재사건이 발생했다
프랑스 정부는 "조직적인 방해 행위"라고 비난하며
배후를 추적하고 있다
프랑스철도공사(SNCF)는 이날
"25일 밤부터 26일 새벽까지 철도망을 마비시키는
대규모 방화 추정 공격을 받아
철도운행이 지연되거나 취소됐다"고 발표했다
이로 인해 프랑스 국내 철도는 물론이고
영국과 이어지는 유로스타 등 타국행 노선도
정상 운행에 불편을 겪고 있다
이번 사건으로 파리 올림픽과
패럴림픽 기간(26일~9월 8일) 동안 발생이 우려됐던
테러에 대한 공포가 커질 것이란 관측이다

찜통더위 민주당 전대

"이렇게 재미없는 재방송을 앞으로
6번을 더 봐야 하나?"
더불어민주당 8·18전당대회 경선전이 반환점을 돈
7월 28일 당내 중진의원이 내놓은 관전평이다
총 15곳 지역 중 이날까지 진행된 9곳의 경선에서
이재명 후보 90.41%(누적합계) 독주와
최고위원 후보들의 노골적인 '명비어천가'가 이어지자
당내에서는 자조(自嘲) 섞인 비판이 이어지고 있다
민주당 의원은 "컨벤션 효과는 차치하고
당 지지율이 안 떨어지면 다행일 것"이라고 우려했다

더불어민주당 출마 후보들이 7월 28일
"소수의 강경 개딸들이 민주당을 점령했다"는
김두관 후보의 발언을 집단 공격했다
이 발언이 논란이 되자 충북지역 경선에서 김 후보는
"그 정도 반대 목소리도 수용하지 못하는
민주당이 아니지 않나"라고 말했다
일부 당원들은 그에게
"수박(이재명 배신자) 또라이"라며 야유를 퍼부었다
욕설도 나왔다
하지만 김 후보는 "탄핵이 우선이니까

당내 다른 목소리는 필요 없다는 것은
전체주의적 사고"라며
"윤석열 정부가 국정을 엉망으로 하고 있는데
왜 민주당이 국민의힘보다 지지율이
11%포인트 적게 나오는가
성찰해야 한다"고 지적했다
이재명 후보는 "총구는 밖으로 향하자"라고 응수했다

민주당과 김정은

더불어민주당과 김정은 북한 국무위원장의 공통점은
자기관리를 못하고 있다는 데서 찾아볼 수 있다
7월 29일 국회 정보위원회 비공개 전체 회의에서
국가정보원 조태용 원장은
김정은 위원장의 건강상태에 대해
"몸무게 140kg에 체질량지수가 40대 중반에 달하는 등
초고도비만 상태"라며
"30대 초반부터 고혈압·당뇨 증세를 보였고
건강상태를 개선하지 않으면 가족력인
심혈관 계통 질환이 나타날 수 있어
면밀하게 추정 중"이라고 말했다고
여당 간사인 이성권 국민의힘 의원이 전했다
야당 간사인 박선원 더불어민주당 의원은
"기존의 약만으로 질환을 다스리기 어려운 상황도
일부 있지 않겠느냐는 추정이 있었다"며
"기존 약제가 아닌 다른 약제를 찾는
동향이 포착됐다"고 말했다
김주애의 후계자 수업과 관련해 이 의원은
"국정원이 후계자나 수령에 대해서만 쓰는
'향도'라는 표현을 쓰는 거로 봐서
상당한 정도의 후계 구도가

어느 정도 굳혀져 가는 것 아니냐고 전망했다"고 전했다
국정원은 올해 들어 북한이
총 14회에 걸쳐 미사일 48발을 발사하고
오물풍선 3,600개를 살포한 것으로 집계했다
마치 더불어민주당이
거대 야당이 자기관리를 못 하고
밀어붙이기식 입법을 강행하는 것처럼 비쳐지기도 해
안타까운 면이 있는 것도 사실이다

양승태 전 대법원장

이른바 '사법 농단' 의혹으로 기소돼 1심에서
전부 무죄를 선고받은 양승태 전 대법원장(76)이
대법원이 심리하는 형사사건을 수임한 것으로 확인됐다
역대 사법부 수장 중 처음으로 기소된
양승태 전 대법원장은 2024년 1월 26일
47개 모든 혐의에 대해 무죄를 선고받았다
항소심은 현재 서울고등법원이 심리 중이며
9월 11일 첫 재판을 앞두고 있다
그는 올해 5월 대한변호사협회의
변호사 등록 승인을 받은 뒤
법무법인 클라스한결에 합류해
고문변호사로 활동하고 있다
법조계에선 한신공영이
별도로 진행 중인 행정소송 때문에
양 전 대법원장이 투입된 것이란 분석이 나온다
이 사건으로 영업정지 2개월의 행정처분을 받은
한신공영은 이에 대한 행정소송을 냈는데
형사사건에서 유죄가 확정되면 행정소송에도
영향을 줄 수 있다는 것이다
전직 대법원장이 대법원 사건을 맡은 것은
이례적이란 지적이 법조계에서 나온다

과거 윤관·최종영 전 대법원장 등은
퇴임 후 변호사로 활동했다
하지만 최근 들어 '전관예우'에 대한 비판이 커지면서
양 전 대법원장의 전임자인 이용훈 전 대법원장과
후임자인 김명수 전 대법원장은
변호사 개업을 하지 않았다

양궁 여자단체 10연패

한국 양궁이 2024년 파리올림픽에서
여자 단체전 10연패를 달성하고
사격에서 반효진이 100번째 금메달을 더하자
온라인에서 '한국은 역시 전투민족'이라는
농담이 쏟아졌다
반효진(16)이 대회 네 번째 금메달을 딴
7월 29일 오후 한국이 메달 종합 순위에서
일본과 함께 공동 1위에 오르기도 했다
28일 오상욱이 펜싱남자 사브르 결승에서
튀니지의 파레스 페르지니를 꺾으면서
첫 금메달을 목에 걸었다
사격에선 이틀에 걸쳐 금메달이 쏟아졌다
오예진·김예지가 28일 여자 10m 공기권총 결선에서
나란히 1-2위로 시상대에 섰다
양궁 여자 단체전의 10연패의 주인공은
임시현(21·한국체대)·남수현(19·순천시청)
전훈영(30·인천시청) 등이다

2024년 파리올림픽 한국선수단이
초반 선전을 이어가고 있다
대한체육회가 내건 목표 금메달 5개를

대회개막 3일 만에 모두 채웠다
남자 양궁팀 김우진(32 · 청주시청) 이우석(27 · 코오롱)
김재덕(20 · 예천군청)이 30일 남자단체전 결승에서
개최국 프랑스를 5 : 1로 꺾고 대회 3연패에 성공했다
대표팀의 5번째 금메달이자
하계올림픽 101번째 금메달이다
'탁구 신동'으로 불렸던 신유빈(20 · 대한항공)은
임종훈(27 · 한국거래소)과 짝을 이뤄 동메달을 땄고
'독립투사'의 후손으로 알려진 유도의
허미미(22 · 경북체육회)는 은메달을 목에 걸었다

기후 대응댐 14개

정부가 14년 만에 다목적댐을 건설한다
기후 변화로 극한 홍수와 가뭄이 빈번해진 것에 대응해
'물그릇'을 확대한다는 취지다
2018년 9월 문재인 정부의 대규모댐 건설 중단 선언을
6년 만에 철회하고 국가 주도의
대규모 치수(治水) 대책에 나서는 것이다
권역별로 한강의 4곳
낙동강 권역 6곳
금강 권역 1곳
영산강·섬진강 권역 3곳이다
신설되는 댐에는 '기후대응댐'이라는 이름이 붙는다

5박 6일 필리버스터

더불어민주당 등 야당이 7월 30일 국회 본회의에서
교육방송법(EBS법) 개정안을 단독처리하면서
'방송4법'이 모두 국회를 통과했다
국민의힘은 지난 25일부터 시작한 5박 6일간
필리버스터를 종료했다
김용태 국민의힘 의원은 13시간 12분으로
역대 최장기록(윤희숙 전 국민의힘 의원)의
12시간 47분을 갈아치웠다
우원식 국회의장은 법안 통과 후
윤석열 대통령에게 거부권 자제를 요청했다
하지만 추경호 국민의힘 원내대표는
"문재인 정권이 민주노총 언론노조와 한편이 돼 장악했던
공영방송을 영구적으로 민주당 손아귀에 쥐겠다는
악법 중의 악법"이라며
"대통령께 재의요구권을 건의할 것"이라고 밝혔다
대통령실도 거부권 행사를 시사했다

하마스 1인자 피살

팔레스타인 무장단체 하마스의 정치국 최고지도자인
이스마일 하니냐(62)가 이란 수도 테헤란에서
이란 대통령 취임식 참석 10시간 만인
다음날 7월 31일 새벽에 암살됐다
전날 레바논 베이루트 남부에선
헤즈볼라의 최고위 지휘관이
이스라엘군의 공습으로 사망했다
몇 시간 만에 중동의 시아파 맹주 이란이 지원하는
구 무장정파의 주요 인사가 연달아 숨졌다
하마스-이란 "보복"… 확전 위기가 커지고 있다

권순일 전 대법관 조사

대장동 특혜 의혹을 수사하는 검찰이
이른바 '50억 클럽' 의혹에 연루된
권순일 전 대법관(65)을 7월 31일
서울중앙지검 반부패수사3부는
변호사법 위반 혐의 피의자 신분으로
권 전 대법관을 불러 조사했다
권 전 대법관은 더불어민주당 이재명 전 대표의
공직선거법 위반 혐의와 관련된
'재판 거래' 의혹도 받고 있다

허가받은 도둑들

전국에 폭염특보가 발효되면서
가축 폐사가 급증하고 온열질환자가 늘고 있다
7월 31일 기준 온열질환자는 5명 사망을 포함해
1,195명이 발생했다
정부가 8월 1일 "북측의 최근 수해와 관련해
대한적십자사를 통해
인도적 지원을 할 용의가 있다"고 밝혔다

또 한편 퇴임한 대법관들 "판결에 대한 잦은 비난은
사법부 독립 꺾는 위험한 일"이라고
김선수·노정희·이동원 대법관이 6년의 임기를 마치며
사법부 독립에 대한 우려를 밝혔다
3명의 퇴임 대법관이 동시에 '사법부 독립'이라는
화두를 던진 건 이례적이라는 지적이다
이에 최근 정치권에서 잇따라
법원 판결을 비판한 것과 관련해
법원 내부가 동요하는 것을 경계한 것이란
해석이 나오고 있다
그러나 대법원이 민사·행정·가사 소송에서
10건 중 7건꼴로 '심리불속행기각'이란 판결을 내려
연간 1만여 건의 소송(상고)에 이유가 없다고 판단하여

사건을 뭉개버린 것에 대한 반성은 하지 않고 있다
헌법재판소가 있지만 이들도 법조인이다
'그 나물에 그 밥'
'초록은 동색'
'가재는 게편'이란 말이 어울릴 정도다
법조계는 대한민국 최고의 엘리트집단이자
'허가받은 도둑'으로 존재한다는 사실이
분노를 느끼게 된다

야당의 묻지마 탄핵

더불어민주당 등 야당이 8월 2일 국회 본회의에서
이진숙 방송통신위원장에 대한
탄핵소추안을 단독으로 통과시켰다
이 위원장은 취임 2일 만에 직무가 정지됐다
대통령실은 즉각 "북한 오물풍선과
야당의 오물탄핵이 무슨 차이가 있는가"
민주당은 "방송 장악을 밀어붙이려는
윤석열 정권의 행태야말로 자유민주주의
헌법정신을 더럽히는 오물"이라고 받아쳤다
KBS와 MBC를 둘러싼 정부 여당과 야당 간
주도권 다툼이 극한 대결로 치닫고 있다
이 위원장은 입장문에서 "탄핵소추의 부당함은
탄핵심판 과정에서 밝혀질 것"이라고 했다
앞서 전임 위원장 2명은 탄핵안 의결 전 모두 사퇴했다
야당은 이날 본회의에서
'전국민 25만 원 민생회복지원금법'도 여당의 불참 속에
재석 187명 중 186명 찬성
반대 1명(개혁신당 이준석 의원)으로 의결했다

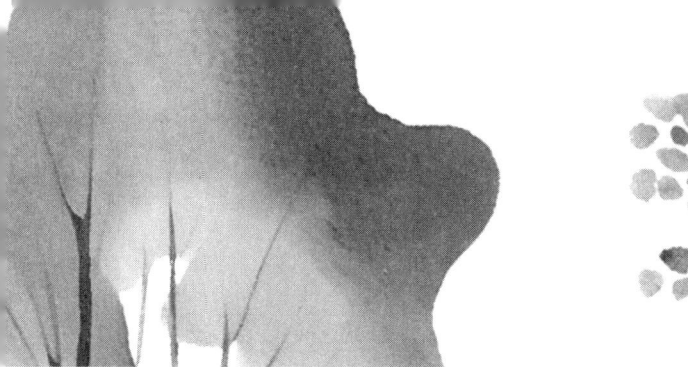

제7장

좀생이들의 역할

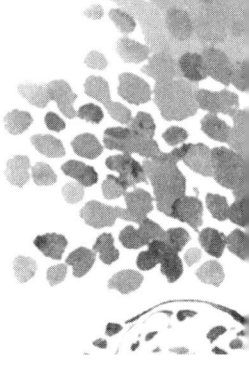

덩치만 큰 못된 아이

덩치만 큰 민주당의 '무능 리스크' 타이틀의
동아일보 오피니온 정용관 칼럼 이야기다
덩치 작은 아이의 발목을 잡고
오도 가도 못하게 해놓고는 뭘 어쩌자는 건지
시간만 질질 끌며 괴롭히고 있다는 얘기다
고작 20%대 정당 지지율을 갖고 있으면서
대통령 탄핵 운운하며 군불을 땐다
방통위원장이 얼마나 문제 있는 사람인지 모르겠으나
과거 법카 내역을 싹 뒤진다며 부산을 떨더니
취임 이틀 만에 탄핵안을 통과시킨다
듣기만 해도 진부한 '25만 원 지원'을 엄청난
민생대책인 양 레코드처럼 틀어댄다
이러니 국회가 지방의회 수준만도 못하다는
조롱까지 나오는 것이다
민주당은 정국을 리드할 수도 있었다
대통령 탄핵이니 25만 원이니 하며
귀한 시간을 허비할 게 아니라
국가경쟁력 · 미래 등의 담론을
주도할 수도 있었다는 얘기다
연금 · 저출산 · 신성장 동력 등
굵직한 국가적 과제가 한둘인가

그런데 지엽적인 정치적 이슈에 매몰됐다
이는 무슨 거창한 국가 비전을 떠나
공적(公的) 책무와 관련된 문제다
더 선명해질 '단색(單色)' 조직이
어떻게 다양한 인적 역량을 담아낼 수 있을까
민주당이 이에 대한 답을 내놓지 못하면
'사법 리스크' 떼려다
더 큰 신뢰위기 '무능 리스크'에 빠지게 될 것이라고 했다

좌우로 갈라진 법조계

어느 사이엔가 법조계는 좌우로 갈라졌다
1980년대 말 민변(民辯)이 탄생하면서다
변호사 사회에 빈부격차가 심하다
부익부 빈익빈(富益富 貧益貧) 현상이 두드러지면서
취약계층이 세력화하였다
2000년대 초 노무현정권이 탄생해 서서히 분화하기 시작했고
문재인 정권이 탄생해 더욱 표면화되고 있다
그 뒤를 이어 이재명의 더불어민주당이 거대야당이 되고
조국혁신당이 가세하면서 지금 대한민국은 '정치' 아닌
'망치'의 시대로 접어들고 있는 양상이다
대한민국 엘리트 집단의 분화가 초래하는
'망치(자루가 긴 연장)'의 시대를 어떻게 대처할 것인가
그 세력이 입법·사법·행정에 침투해
각축을 벌이고 있는 것은 물론 심지어
언론방송 대담프로에 변호사가 골고루 포진하고 있다
법조인이 아니면 아무것도 못하는 세상이 되고 말았다
마치 공포의 메뚜기 떼가 나타나 농작물을 해치는
그 이상으로 법조계 위험 바이러스가 작용하는 것 같아
어쩌면 인구절벽 이상의 재해가 될 수도 있다는
생각에 이르게 된다
우리 사회는 '정치'는 없고
'망치' 소리만 요란하게 들리는 형상이기에 하는 말이다

한동훈 친정체제 완성

한동훈 국민의힘 대표가 8월 5일
지명직 최고위원에 원외인사인
김종혁 조직부총장을 선임했다
전략기획부총장에 신지호 전 의원을
조직부총장에는 정성국 의원을 임명했다
한 대표 친정체제 진용이 갖춰지며
'당 쇄신 정책' 가동도 본격화할 것이란 전망이 나온다

펄펄 끓는 한반도…
사람도 가축도 쓰러진다
기록적인 불볕더위가 이어지면서 전국에서
피해가 속출하고 있는 가운데
윤석열 대통령은 여름휴가 첫날인 8월 5일
통영 전통시장을 방문하고 군 시설에서 숙박했다
노란봉투법이 5일 국회를 통과했다
21대국회에서 윤석열 대통령의 거부권 행사와
국민의힘의 반대로 폐기된 후 22대국회에서
다시 국회 문턱을 넘었으나
이번에도 윤 대통령은 거부권을 행사할 것으로 보인다
국회는 재석이원 179명 중 찬성 177표
반대 2표로 노란봉투법을 의결했다

더불어민주당·조국혁신당·진보당 등
야당 의원들이 찬성했고
국민의힘은 표결 강행에 항의하며 불참했다
개혁신당의 이준석·이주영 의원은
"시장에 혼란을 준다"며 반대했다
국민의힘은 윤 대통령에게 거부권 행사를
건의하겠다고 밝혔다

찜통더위와 극한대립 정치권의 실망에도
2024년 파리올림픽 출전선수들의 선전으로
목표치 금메달 5개를 훨씬 넘어
금메달 11개째를 딴 안세영이 28년 만에
올림픽 배드민턴 여자단식 금메달을 땄다는
소식이 알려졌다
대표팀은 8월 5일까지
금메달 11개·은메달 8개·동메달 7개 등
26개의 메달을 획득하면서
앞선 두 대회의 성적을 뛰어넘었다

방글라데시 국부의 딸

반정부 시위 격화에 총리직에서 사임한
세이크 하시나 전 방글라데시 총리(77)가
8월 5일 인도로 피신했다
국부의 딸로 한때 방글라데시 민주화의 상징이었던
하시나는 이제 독재자란 비난을 받으며
영국 망명을 모색하는 처지다
하시나 전 총리는 1971년 방글라데시가
파키스탄으로부터 독립할 때 지도자였던
세이크 무지부르 라만 초대대통령의 딸이다

1975년 이슬람 극단주의자와 군부 쿠데타로
아버지와 어머니를 포함해 사실상 온가족이 몰살되자
당시 유럽에서 유학 중이던 하시나
전 총리는 1981년까지 영국·인도에서 망명 생활을 했다
방글라데시로 돌아와 군부에 맞서 민주화 투쟁을 벌인
하시나는 1996년 총선에서 승리하고 총리가 됐다
이후 2001년 총선에선 패배했지만
2009년총선에서 승리한 뒤 총리직에 다시 올랐다
올해초 연임에 성공했지만 하시나 전 총리의 정치적 이미지는
15년 새 '민주의 상징'에서 '독재자'로 바뀌었다
로이터통신은 "하시나 전 총리가 야당 인사와 시민활동가를
대대적으로 체포하고 초법적 살인도 자행하며

사실상 일당 통치를 했다"고 평가했다
'가족의 비극'이 협상과 대화를 거부하는
독재의 길로 이끌었다는 분석도 나온다
하시나 전 총리 집권 중 방글라데시는
의류 산업을 기반으로 한때 국내총생산이 6~7%씩 성장했다
하지만 코로나19 펜데믹을 겪으면서 방글라데시
경제는 지난해 IMF로부터 47억 달러(약 6조4,568억 원)의
구제금융을 받아야 할 만큼 꼬꾸라졌다
방글라데시에선 육군참모총장이 이끄는 군부와
모함메드 샤하부딘 대통령이 과도 정부 구성에 나섰지만
시위를 주도한 학생 지도자들은
"군이 이끌거나 돕는 정부는 수용하지 않을 것"이라며
"노벨 평화상 수상자로 빈곤 퇴치 운동가
무함마드 유누스(84)가 임시정부 수반을
맡아야 한다"고 주장하고 있다

영국에서는 어린이 3명이 숨진 흉기난동 사건으로 촉발된
극우 폭력 시위가 갈수록 거세지자
키어 스타머 영국 총리가 "특수경찰을 '상비군'으로
운영해 폭력에 대처하겠다"고 밝혔다
시위진압에 특수경찰을 지속적으로 투입하겠다는
뜻으로 강경 대응을 천명한 것이다
지금까지 이번 시위로 경찰에 체포된 이들은
8월 5일 기준 378명에 이른다

무능 국회 피로감

여야 극한대립 속에 악화일로를 걷던 정치권에서
8월 7일 협치론(協治論)이 동시다발적으로 분출했다
거야의 입법독주 · 대통령의 거부권행사가
반복되는 과정에서 눈덩이처럼 불어난
'무능 국회'에 대한 피로감
여기에 경제 바상상황까지 겹치자
모두 정쟁에 제동을 거는 모양새다
추경호 국민의힘 원내대표는
7일 예정에 없던 긴급 기자회견을 열고
"민주당에 촉구한다
8월 임시국회에서 정쟁 휴전을 선언하자"고 제안했다
한동훈 대표도 박찬대 더불어민주당 원내 대표에게
금투세 존폐를 두고 토론하자고 제안했다
민주당은 윤석열 대통령과의 회담을 요청했다
여의도발 협치훈풍에 대통령실도 반응했다

대법원 터에 배추밭을

요즘 같은 폭염에 국회 본회의 동영상을
들여다보는 건 여간 고역이 아니다
상당한 인내심이 필요하다
민주당의 법안 단독 상정 · 국민의힘 필리버스터
야당 단독처리 · 대통령 거부권 행사
국회 표결 부결 · 폐기 등 민의의 전당이라는
국회가 광기가 지배하는 난장판 · 폭주기관차가 돼버렸고
사법부의 수장인 대법원장이 이리저리 끌려 다니고
법관들은 사리(私利)에 갈팡질팡하는 모습을 보이고 있다
국민의 권리를 보호해주커녕 제살 궁리에 골몰하고 있는
대한민국 최고 엘리트집단 행태에 환멸을 느낀다
1995년 민선 첫 서울시장에 당선된 조순 시장은
당시 YS(김영삼 대통령)의 흑역사에 동조라도 하는 듯
여의도 5 · 16광장을 파헤치고 공원을 조성해
세종대왕의 동상을 생뚱맞게 세운 것처럼
누군가 나타나 대법원의 석조건물을 철거하고
그 터에 배추밭을 만들어 거름으로 인분을
뿌리는 모습을 그려본다
옹졸한 생각이라는 자책에도 불구하고
국민의 권리를 무참하게 짓밟아놓고
헌법 제103조만을 금과옥조로 내세워 변명하는

그들의 뻔뻔함이 역겨워서다
1962년 내가 대학교를 졸업할 때까지도
왕십리 일대는 인분 냄새가 진동하였다
동대문 옆 기동차 정거장에서
화양리까지 배추밭 한가운데를 지나는
기동차는 차창을 열지 못하고 다니던 때의 이야기로
지금도 기억이 생생하다

파리올림픽 금메달 13개

한국은 2024년 파리올림픽 폐막일인 8월 11일까지
17일간의 열전 드라마에서
금메달 13개 · 은메달 9개 · 동메달 10개를 획득해
종합순위 8위를 기록했다
2008년 베이징올림픽대회와 2012년 런던올림픽대회에서
작성한 최다 금메달 13개 타이기록까지 세웠다
한국은 1978년 몬트리올 대회(50명) 이후
가장 작은 144명의 선수가 출전해 메달 전망이
밝지 않아 금메달 5개 종합순위 15위의
목표를 세웠지만 선수들은 기대 이상의 활약으로
국민들에게 연일 '행복 드라마'를 선물했다
206개 참가국 중 톱 10은 다음과 같다

① 미국   금 40 은 44 동 42
② 중국   40   27   24
③ 일본   20   12   13
④ 호주   18   19   16
⑤ 프랑스   16   26   22
⑥ 네덜란드 15   7   12
⑦ 영국   14   22   29
⑧ 대한민국 13   9   10
⑨ 이탈리아 12   13   15
⑩ 독일   12   13   8

광복절 유감

36년간의 일본 강점기는 제2차세계대전에서
미국·영국 등 연합군의 승리로 1945년 8월 15일 끝났다
1945년 광복은 우리에게 행운처럼 다가왔다
그런데 우리는 우리 스스로가 독립을 쟁취한 것처럼
광복회를 조작하고 79년의 세월을 '독립운동'이란 명분으로
무척 많이 우려먹었다
언제까지 이럴 건가?
세월이 많이 변했다
지금의 일본은 식민지 시대의 일본이 아니고
대한민국은 세계 5위 군사력을 보유한
10위권 경제대국이다
한국의 1인당 국민총소득이 2023년 기준으로
사상 처음으로 일본을 제치면서
인구 5,000만 명 이상 국가 중에서 6위를 차지했다
2024년 공개된 스위스국제경영개발대학원의
'2024년 국가경쟁력' 평가 결과는 더욱 놀랍다
한국은 지난해 28위에서 올해 사상 최고
기록인 20위로 도약했다
일본은 한국에 한참 뒤처져 38위였다
한일 양국의 갑을(甲乙)관계에도
근본적 변화를 불러오고 있다

이제 '일본 콤플렉스'에서 벗어나 광복절도 없애고
광복회는 퇴장시켜야 할 때가 되었다
언제까지 한국이 일본에 식민지였다는 사실을
세계만방에 자랑하고 있을 것인가?

8월 6일 임명된 김형석 독립기념관장의 교체를 요구하며
광복회와 더불어민주당 등 야 6당이
정부 주최 경축식에 불참하기로 했다고 한다
윤 대통령은 이와 관련해 최근 참모들에게 답답한 듯
"먹고살기 힘든 국민들에게
건국절 논쟁이 무슨 의미가 있느냐"며
"왜 지금 불필요한 이념논쟁이 벌어지는지
도대체 어떤 국민에게
도움이 되는지 납득하기 어렵다"고 말했다고 한다

갈라진 광복절

대통령실과 여당, 광복회와 야당이 광복절인 8월 15일
같은 시간 서로 다른 장소에서 기념행사를 열고
서로를 향한 비판을 쏟아냈다
광복회는 김형석 독립기념관장 인사에 반발하며
이날 오전 10시 서울 종로구 세종문화회관에서 열린
정부의 공식 광복절 경축식 대신
서울 용산구 백범김구기념관에서 기념식을 열었고
야당 인사 100여 명이 참석했다
정부의 광복절 기념행사에 광복회를 비롯해
범야권이 불참한 것은 이번이 처음이다
민주당 출신인 우원식 국회의장은 양쪽 행사에 모두 불참하고
국립대전현충원에서 열린
홍범도 장군 귀환 3주년 기념식에 참석했다
윤석열 대통령은 광복절 경축사를 통해
"한반도 전체에 자유 민주 통일 국가가 만들어지는 그날
비로소 완전한 광복이 실현되는 것"이라며
'자유 통일'의 비전과 추진 전략을 밝혔다
그러면서 세 가지 과제로 국민의 가치관 확립·
북한 주민의 변화·국제사회와의 연대를 제시했다
대통령실은 이를 '8·15 통일 독트린'이라고 명명했다
이번 통일 독트린은 반쪽으로 치러진
광복절 경축사에서 발표되었다

육영수 여사 50주기

윤석열 대통령이 1974년 육영수 여사 서거
50주년을 맞아 묘역을 참배했다
14일에는 박근혜 전 대통령과 통화하고
"늘 힘이 돼주셔서 감사하다"고 말했다
윤 대통령은 12일에는
이명박 전 대통령 부부와 만찬을 가졌다
광복절 특별사면에서 이명박·박근혜 정부 인사들을
사면·복권하는 등 보수층 결집 행보를 이어가고 있다
윤 대통령과 부인 김건희 여사는 묘소에서
박지만 EG대표이사 회장과 인사를 나누고
헌화와 분향을 했다
방명록에는 "국민들의 어머니 역할을 해주신
육 여사를 지금도 잊지 않고 있다"고 적었다
이날 참배에는 정진석 비서실장 등
수석급 이상 대통령실 참모진 전원이 참석했다

21번째 거부권 행사

윤석열 대통령이 더불어민주당 주도로 국회를 통과한
'전국민 25만 원 지급법'과 '노란봉투법'에 대한
거부권을 8월 16일 행사했다
취임 후 법안 수로는 21번째 거부권 행사다
이승만 대통령은 집권 12년 동안
45개의 법안을 거부했는데
윤석열 대통령은 3년도 안 됐는데 21건이라며
민주당은 "국회 입법권을 무용지물로 만들고
삼권분립의 헌법정신을 무시하는 윤 대통령의 폭주는
가히 독재 수준에 다달았다"고 공격했다
정혜전 대통령실 대변인은 "민생법안은 제쳐두고
거부권을 행사할 수밖에 없는 위헌·위법적이고
사회적 공감대가 이뤄지지 않은 법안을
계속 강행 처리하는
저의가 무엇인지 묻고 싶다"고 밝히면서
"헌법 수호자인 대통령이 위헌이나 위법 소지가 있는
법안에 대해 거부권을 행사하는 건
대통령의 의무이자 책임"이라고 반박했다

이재명의 민주당

이재명 더불어민주당 당대표 후보가
8월 18일 압도적 지지를 얻으며 대표직 연임을 확정했다
이 대표는 서울 올림픽공원에서 열린
제1차 정기전국당대회에서 총득표율 85.4로
김두관 후보(12.12%)를 제치고 당선됐다
선출직 최고위원 5명에는 김민석·전현희·
한준호·김병주·이언주 의원이 선출되었는데
모두 친명계로 꼽힌다
선거 막판 '명팔이 척결' 발언으로
친명계와 대립각을 세웠던 정봉주 후보는
초반 1위에서 6위로 탈락했고
"김건희 살인자" 발언을 한 전현희는 2위로 당선됐다
확고한 친명지도부 구축으로
"이재명 일극체제가 완성됐다"는 평가가 나온다

우크라에 허 찔린 푸틴

2022년 2월 러시아의 우크라이나 침공 후
푸틴에게 최대 위기가 닥쳤다
미국 싱크탱크 '애틀랜틱카운슬'이
8월 6일부터 이어지고 있는 우크라이나의
러시아 본토 기습이 '현대판 차르' 푸틴 러시아 대통령의
지도력에 심각한 타격을 가했다고 8월 15일 진단했다
2000년 취임한 푸틴 대통령은 집권 내내
'위대한 러시아'를 외치며 '안보 수호자'
이미지를 통해 장기 집권해 왔다
허를 찔린 본토 기습으로 이런 이미지가
완전히 훼손됐다는 것이다
17일 뉴욕타임스 등에 따르면 수자 일대에서
주도(州都)쿠르스크로 대피한 피란민은 최소 13만 명이다
빈손으로 대피한 피란민의 모습을 보며
적지 않은 러시아인은
우크라이나 전쟁 발발 이후 처음으로
전쟁을 실감했다는 것이다

해리스가 트럼프 앞서

카멀라 해리스 미국 부통령 겸 민주당 대선 후보가
그간 공화당이 우세하다는 평가를 받았던
남부위 4개 경합주에서도 도널드
트럼프 공화당 대선후보를 위협하고 있다
올 11월 대선의 판세를 좌우할 7개 경합주 중
그간 쇠락한 공업지대 즉 '레스트벨트'에서는
민주당이 우세하고
따뜻한 기후 덕분에 '센벨트'로 불리는 남부 4개주에서는
공화당이 우세하다는 것이 중론이었으나
최근 해리스 부통령이 선벨트에서도 약진하고 있다

세기의 미남 알랭 들롱 별세

세계적인 명배우로 '미남 배우'의 대명사로 꼽혀온
프랑스 배우 알랭 들롱(88)이 8월 18일 별세했다
1935년 프랑스 파리 인근에서 태어난 알랭 들롱은
1957년 영화 '여자가 다가올 때'로 데뷔했다
빼어난 위모로 데뷔와 동시에 스타덤에 올랐으며
이후 최고 히트작 '태양은 가득히'를 비롯해
'한밤의 살인자' '조로' 등 90여 편의 영화에 출연했다
어린 시절 부모의 이혼을 겪은 그는
프랑스 해군에 입대해 인도차이나 전쟁에 참전했고
제대 후 웨이터·짐꾼 등 잡일을 전전하다가
칸영화제 참석차 프랑스를 찾아온 미국 영화 제작자
데이비드 셀즈닉의 눈에 띄어 영화계에 입문했다
2019년 뇌졸중 진단을 받은 후 투병 생활 중이던 고인은
2021년 안락사 찬성의견을 밝혀 논란이 되기도 했다

미국 민주당 전당대회

버락 오바마 전 대통령이 8월 20일
미국 일리노이주 시카고에서 열린
민주당 전당대회 둘째 날 연사로 나서
해리스 부통령을 지원 사격했다
미국 역사상 첫 여성 대통령을 노리는
카멀라 해리스 후보 지지연설에서
"그녀는 할 수 있다(Yes she can)"라고 외쳤다
미셸 오바마는 트럼프 '속편'을 막기 위해
"뭐라도 하자(Do something)"고 촉구했다
오바마는 도널드 트럼프 전 대통령을
'징징거리는 78세 백만장자'로 묘사하며
"유치한 변명·미친 음모론·거짓말·군중 규모에 대한
이상한 집착까지 가진 인물"이라고 비판하면서
"허세와 갈팡질팡 혼돈을
4년 더 경험할 필요가 없다"고 했다

19~22일까지 열린 민주당 전당대회에서
클린턴 부부·오바마 부부·바이든 부부 등
민주당 핵심 인사가 전원 출동 해리스 지지연설을 했다
카멀라 해리스 부통령은 22일 대통령 후보 수락 연설에서
"트럼프를 응원하는 김정은 같은

폭군이나 독재자의 비위를 맞추지 않겠다"고 선언하면서
"미국은 파트너 국가가 강할 때 가장 강하다
미국은 동맹에 등을 돌리지 않겠다"고 하는 등
동맹 중시 관점을 분명히 했다
해리스 후보의 가족도 22일 수락 연설 자리에
총출동해 지지를 표했는데
특히 남편 더글러스 엠호프 변호사가 첫 번째 결혼에서
얻은 딸 엘라 엠호프(25) · 조카 미나 헤리스(40)
대녀(代女 · 시례식에서 대부모가 약속한 여자아이)
헬레나 허들린(20) 등이 연사로 나섰다
벤스 공화당 부통령 후보가 생물학적 자녀가 없는
해리스 후보를 '캣 레이디(Cat lady-자식이 없는 고양이를
키우는 여성을 비하하는 말)'라고 한 것에 대한
대응 차원이라고 NYT는 분석했다

후퇴하는 법조 일원화

김명수 전 대법원장은 재임 때 가장 큰
고민으로 우수한 인재를 뽑기 어려워졌다는
점을 꼽았고 조희대 대법원장도 취임 직후
같은 고민을 토로했다
현재 법원은 경력 5년 이상의 변호사 중에서
법관을 뽑고 있다
대강 뽑는다면 충원에 문제가 없다
그러나 법원은 예전처럼 우수한 인재를 원한다
변호사로서 우수한 인재는
대부분 유명 로펌에 있는데 법관보다 높은 연봉을 받는다
그들이 연봉을 낮춰가며 법원으로 오려 하지 않고 있다
법조 일원화는 2013년부터 시작돼
법관도 검사도 변호사를 해본 사람 중에서 충원한다는
것으로 세상물정을 알아야 수사와 기소도
재판도 제대로 할 수 있지 않느냐는 취지다
변호사 경력 3년 이상에서 시작해
5년·7년·10년 이상으로 차츰 늘려간다는 계획이었다
그러나 검찰이 법학전문대학원(로스쿨) 졸업생을
바로 검사로 뽑으면서 처음부터 구멍이 뚫렸다
반면 법원은 막 법조계에 들어온 우수한 인재를
검찰에 뺏기면서도 변호사 경력자로 법관을

충원하기 시작했다
법원조직법에 따르면 2025년에는 7년 이상 경력자를
2029년부터는 10년 이상 경력자를 뽑아야 하는데
금년(2024년) 안에 개정되지 않으면
법원의 우수 인재 영입은 더 어려워진다
법원은 몇 년 전부터 개정을 요구했지만
국회 다수당인 더불어민주당이 요지부동이었다
민주사회를위한변호사모임(민변)이 반대해왔기 때문이다
그런데 갑자기 민주당 의원들이 법관 임용에 필요한
최소 경력을 5년으로 하는 개정안을 발의했다
이는 이재명 대표 1심 선고를 앞둔 시점이어서
법원의 환심을 사려는 의도로 보인다고 했다

무제(無題)

'도토리 키 재기'란 말이 있다
고만 고만한 사람들을 비교하는 말이다
요즘 정치판을 들여다보고 있으면
'좁쌀 키 재기'란 말이 어울릴 것 같다
금년은 유난히도 폭염과 열대야가
기승을 부려 기록을 갱신했다고 한다
여기에 더하여 정치권은
'아귀 다툼'으로 단련된 그게 일상인
법조인들이 메뚜기떼처럼 덮쳐버렸다
근시안적이고
독선적이며
비생산적이며
약탈적인 좁쌀생원(좀생이)들이 우리를
더 짜증나게 하는 여름이었다
그들이 금과옥조로 여기는 헌법 제103조가
좀생이들에게 부여한 막강한 국가권력 앞에
'인간만사 새옹지마'라는 단어가 무슨
의미가 있을까?

부 록
김제방 역사학자의 출판도서 연보

김제방 역사학자의 출판도서 연보

 수필집 (여름사 · 지문사 · 행림출판)

1988년 인간적인 것이 그립다
1989년 빌딩 숲에 매달린 고슴도치
1991년 어느 여름밤의 방황
1992년 물꼬를 터 가는 사람들
1993년 사도세자 압구정역 하차
　　　　비에 젖은 남치맛자락
1994년 둥지를 찾아 헤매는 텃새
1996년 호박이 넝쿨째 굴렀네
　　　　목화꽃이 필 무렵

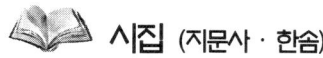 **시집** (지문사 · 한솜)

1998년 이집트로 가는 길
1999년 오아시스로 가는 길
2000년 베이징으로 가는 길
2001년 긴 만남 짧은 이야기
       왕건의 나라
       장하다 홍국영
2003년 홍선대원군 · 명성황후
2004년 고종황제의 최후
2005년 이승만과 김구의 대좌
2006년 박통의 그늘
       세종대왕의 실수
2007년 불타는 창덕궁

 **역사서** (문학공원)

2009년 한국근현대사
2010년 한국중고대사
2011년 조선왕조사
　　　　한국민주화역사
2013년 성공한국사(딥씨)
2015년 한국현대사 · 1
　　　　한국현대사 · 2
　　　　한국현대사 · 3
2016년 한국현대사 · 4
2017년 한국현대사 · 5
　　　　한국현대사 · 6
2018년 세계사와 함께 읽는 재미있는 韓國史

 **역사서사시집** (문학공원)

2018년 우면산 돌담불
2019년 한강의 기적
　　　 5·16혁명
2020년 박정희 황금시대
　　　 문재인 적폐시대
　　　 이승만 건국시대
　　　 전두환 오판시대
2021년 코로나 비상시대
　　　 흔들린 민주주의
　　　 박정희 100년 시대
　　　 추억의 대한제국
2022년 선진국 대한민국
　　　 선진국 원년의 한국
　　　 윤석열 대통령 시대
　　　 한국혁명의 빛
2023년 중동 건설 붐 이후
　　　 박정희 정신(통산 50권째 저서)
　　　 법조계 악성 카르텔
2024년 윤석열 외교훈풍
　　　 재판인가 개판인가
　　　 법조계의 경고음
　　　 망국의 법조계 패거리들
　　　 대한민국 이대로 괜찮겠나
　　　 대법원의 국민약탈행위

김제방 역사서사시집

대법원의 국민약탈행위

초판발행일 2024년 10월 10일

지은이 : 김제방
발행인 : 김순진
편집장 : 전하라
디자인 : 김초롱
펴낸곳 : 도서출판 문학공원
등 록 : 2004년 3월 9일 제6-706호
주 소 : 우편번호 03382 서울 은평구 통일로 633
　　　　녹번오피스텔 501호 스토리문학사
전 화 : 02-2234-1666
팩 스 : 02-2236-1666
홈페이지 : https://blog.naver.com/ksj5562
이메일 : 4615562@hanmail.net

※ 책값은 뒤표지에 있습니다.
※ 저자와의 협의에 의해, 인지는 생략합니다.